HARRAP'S
FRENCH
STARTER PACK

David Alexander
Sini de Bujac

GW00601270

HARRAP
London Paris

First published in Great Britain 1991 by

HARRAP BOOKS Ltd
Chelsea House, 26 Market Square,
Bromley, Kent BR1 1NA

ISBN 0 245-60425-1

The accompanying cassettes were
produced by John Green and feature
Daniel Pageon and Marianne Borgo.

Designed by Roger King Graphic Studios
Illustrations by Peter Lewis
Printed in Great Britain by The Bath Press, Avon

Contents

INTRODUCTION   *VII*

UNIT 1   *1*
Où est le bus? – Where is the bus?
    Simple questions
    Où . . ?
    A quelle heure . . ?
    Est-ce que . . ?
    Masculines and feminines

UNIT 2   *8*
Est-ce que vous avez une chambre? – Do you have a room?
    Finding accommodation
    Combien . . ?
    Est-ce qu'il y a . . ?
    Il y a / il n'y a pas
    Questions with *pouvoir* and *avoir*
    être

UNIT 3   *15*
Ça va? – How are things? (Socializing I)
    Je vous présente . . .
    Je suis de . . .
    Qui . . ?
    Qu'est-ce que . . ?
    Depuis . . ?
    mon, ma and *mes*

UNIT 4   *21*
Qu'est-ce qu'on va faire? – What are we going to do?
    Making plans
    aller
    aller faire quelque chose
    Qu'est-ce que vous pensez de . . .

Comment . . ?
premier, deuxième, etc.
je, tu, il, elle, nous, vous, ils
me, te, le la, nous, vous, les
Vous pouvez . . ?
on
Telling the time

UNIT 5   29
Vous êtes arrivé quand? – When did you arrive?
Talking about your trip
Past tense with *avoir* and *être*
Je vous présente . . .
moi, toi
en bateau, en voiture, en train, en avion, à pied
il y a (ago)

UNIT 6   36
Vous désirez autre chose? – Do you want anything else?
(Shopping I)
Est-ce que vous avez . . ?
C'est combien?
Je voudrais . . .
aimer and *je n'aime pas*
celui-ci / celui-là
ceux-ci / ceux-là
celle-ci / celle-là
celles-ci / celles-là
plus / moins grand, petit, cher, large
de, de la, du, de l' and *des*

UNIT 7   42
C'est de la part de qui? – Who's calling?
Telephone language

UNIT 8   47
Je voudrais réserver une table – I'd like to book a table
Ordering a meal
Je voudrais réserver
C'est à quel nom?
Je prendrai . . .
il n'y a plus de . . .

UNIT 9   **55**
Est-ce qu'il y a un tabac près d'ici? – Is there a
tobacconist's near here? (Shopping II)
> *Quelle taille?*
> *Il (vous) faut . . .*
> *un peu (grand)*
> *plus, moins*
> *trop*

UNIT 10   **61**
Quand j'ètais jeune . . . – When I was young . . .
(Socializing II)
> The imperfect tense
> *souvent, tous les jours*
> *ne . . . jamais*

UNIT 11   **67**
Est-ce que je peux changer de l'argent ici? – Can I
change some money here?
> Banks and garages
> Questions with *pouvoir*
> Requests with *vouloir*
> *en billets de . . .*
> *J'ai besoin de . . .*
> *Ce n'est pas la peine de . . .*
> *ne . . . plus*

UNIT 12   **73**
J'ai mal – I don't feel well
> Going to the doctor's
> *Il faut . . .*
> *Je vous conseille de . . .*
> *J'ai mal à . . .*
> Reflexive verbs

UNIT 13   **81**
Tu connais un endoit bien? – Do you know a nice place?
(Socializing III)
> *en*
> *J'ai envie de . . .*
> *ce(t), cette* and *ces*

n'est-ce pas?
savoir and *connaître*

UNIT 14   88
Je vous présente le Directeur du marketing – I'd like
you to meet the Marketing Director
    Business small talk
    Vous avez rencontré . . ?
    Je m'appelle . . .
    responsable de
    chargé de
    Est-ce que . . . vous conviendrait?

UNIT 15   95
Il faut faire demi-tour – You'll have to turn back
    Understanding directions
    qui and *que*
    Je dois . . .
    J'ai dû . . .
    il fait beau

UNIT 16   101
Vous avez passé une bonne journée? – Have you had a
nice day?
    Thanking people and saying goodbye
    Je viens de . . .
    C'était très + adjective
    plus . . . que
    moi aussi and *moi non plus*

ANSWERS TO EXERCISES   109

TRANSCRIPT OF LISTENING TASKS   125

INDEX   138

NUMBERS   150

Introduction

Welcome to Harrap's **French Starter Pack**. The four
cassettes and this handbook will provide you with all the
material that you as a beginner will need to make rapid and
enjoyable progress towards fluency in basic conversational
French.

Content of the course

The dialogues and exercises on tape introduce you to the
grammar and vocabulary of French through a series of
sixteen units, each of which concentrates on a theme of
practical use to you when visiting France. The cassettes
have a friendly step-by-step commentary in English – so you
can listen and learn in your car or on your personal stereo
without using the book if you wish.

This book is designed as a source of reference for those who
find it easier to retain the spoken word by looking at a
written text. For each unit it contains:

i)   a listing of key expressions and vocabulary
ii)   a *Focus on Language* section in which new items of
      grammar are explained with examples
iv)   a transcript of the French dialogues heard on the tape
iii) a series of supplementary exercises including guided
      Listening Tasks. A transcript of these appears at the
      end of the book though it should only be referred to if
      you are really stuck.

There's a complete key to both spoken and written exercises
of course, together with a final alphabetical vocabulary – to
help you locate a forgotten word or phrase by reference to
the unit in which it occurred. A full table of French numbers
appears at the end of the book.

How to study

For most people the main reason for learning a new
language is to be able to *speak* it. This is why we have
concentrated on making the recorded material friendly
accessible and largely independent of the written material.
When using your **Starter Pack** you should concentrate first
and foremost on listening and oral practice.

Each of the sixteen units contains about fifteen minutes of
recorded material – more than enough new language for you
to absorb in a single learning session. Relax and listen
through to a single unit at a time, rewinding as necessary to
practise and perfect your accent or to listen more carefully
to the way a particular structure or expresion is introduced.

Don't try to do too much at once. The average person's ability
to concentrate and retain new material in a foreign
language is limited to an optimum period of around half an
hour. The most effective way to learn is with short regular
sessions.

Having listened and assimilated a new unit you can then
look at the book if necessary for further information on the
grammar introduced, or to consolidate and extend your
knowledge through the exercises.

It is advisable to go back through the tape listening and
revising on a regular basis. As you progress, you will find
that material introduced in early units in the form of "useful
expressions" will become more natural to you as you grow
familiar with the underlying forms and patterns of the
language.

How to continue

Harrap's **French Starter Pack** is designed to give you a
good grounding in the language so that you can make
yourself understood fluently and with confidence in a wide
variety of situations. Through the *Listening Tasks* you will

also learn to understand conversational French spoken at normal speed – often a problem for those trying to speak the language when visiting the country.

If you find you have enjoyed the course, Harrap offer a number of excellent products to allow you to extend your knowledge and ability. In addition to our range of dictionaries (and we certainly recommend you buy a **Mini English-French/French-English Dictionary** to accompany this course) we publish an excellent series of small "study aids" – including Harrap's **French Verbs** and Harrap's **French Grammar**. There's also **"Drive-in" French** – a two-part course designed to take you to full conversational fluency in both business and social situations.

Où est le bus?
Where is the bus?

In Unit 1 you'll learn a few basic questions you might need to ask when you first arrive in France: Is this the right train? Where are the taxis? What time is my plane? . . .

MAIN EXPRESSIONS

Où est . . ?	Where is . . ?
Où sont . . ?	Where are . . ?
A quelle heure . . ?	What time . . ?
pardon	excuse me (getting attention)
s'il vous plaît	excuse me (getting attention), please
merci	thank you
merci beaucoup	thank you very much
merci bien	thanks
de rien	that's alright, you're welcome
je vous en prie	don't mention it
oui	yes
non	no
là-bas	over there
à droite	on the right
à gauche	on the left
tout droit	straight ahead
en face	opposite
en face de la sortie	opposite the main exit
c'est ça	that's right
C'est là-bas.	It's over there.
à onze heures	at 11 o'clock
Est-ce que je descends à . . ?	Do I get off at . . ?
Est-ce que je change à . . ?	Do I change at . . ?

vous descendez à . . .	you get off at . . .
vous changez	you change
Est-ce que c'est le train pour pour . . ?	Is this the train for . . ?

NUMBERS

1 = **un**	5 = **cinq**	9 = **neuf**
2 = **deux**	6 = **six**	10 = **dix**
3 = **trois**	7 = **sept**	11 = **onze**
4 = **quatre**	8 = **huit**	12 = **douze**

VOCABULARY

un, une	a	**l'avion**	the aeroplane
le, la*	the (singular)	**la sortie**	the exit
les	the (plural)	**la banque**	the bank
Monsieur	Mr, sir	**le quai**	the platform
Madame	Mrs, madam	**la gare**	the station
Mademoiselle	Miss	**la gare routière**	the bus station
le train	the train		
le bus	the bus	**un carnet**	a book of métro tickets
le bureau de change	the bureau de change	**descendre**	to get off
le taxi	the taxi	**partir**	to leave
le métro	the underground	**changer**	to change
le numéro	the number	**pour**	for
le téléphone	the telephone		

* **l'** is used when a word begins with a vowel, whether it's masculine or feminine.

FOCUS ON LANGUAGE

◆ **1** Questions

Questions can be formed by putting **Est-ce que . . .** in front of a statement:

Je descends à Etoile.	I get off at Etoile.
Est-ce que je descends à Etoile?	Do I get off at Etoile?
C'est le train pour Nice.	This is the train for Nice.
Est-ce que c'est le train pour Nice?	Is this the train for Nice?

Est-ce que would literally translate as "is it that . . ?".

However, simple statements can be turned into a questions simply by being uttered with a rising intonation:

Je descends à Etoile?
C'est le train pour Nice?

◆ **2** Where? What time?

Question words like **où** (where?) and **à quelle heure** (what time?) are followed immediately by the verb:

Où est le bus pour Paris?	Where is the bus for Paris?
Où sont les taxis?	Where are the taxis?
A quelle heure part le train?	What time does the train leave?

---

descendre – to get off/out (of a train, etc.)

je descends I get off	**nous descendons** we get off
tu descends you get off	**vous descendez** you get off
il/elle descend he/she gets off	**ils/elles descendent** they get off

---

---

changer – to change

je change I change   **nous changeons** we change
tu changes you change   **vous changez** you change
il/elle change he/she changes   **ils/elles changent** they change

---

DIALOGUES

A   **Pardon Monsieur. Où est le bus pour Paris s'il vous plaît?**

B   **Là-bas. A droite.**

C   **S'il vous plaît Madame. A quelle heure part le train pour Marseille?**

D   **A onze heures. Quai numéro 3.**

A   **Pardon Monsieur. Où est le bureau de change?**

B   **Là-bas. Tout droit.**

C   **S'il vous plaît Mademoiselle, où sont les taxis?**

D   **Ils sont en face de la sortie.**

◆

A   **Est-ce que je descends à Etoile pour l'Arc de Triomphe?**

B   **Oui, c'est ça.**

C   **Est-ce que c'est le train pour Bordeaux?**

D   **Non. Pour Bordeaux, c'est là-bas. Quai numéro 7.**

◆

A   **S'il vous plaît, où est le train pour Genève?**

B   **Là-bas.**

A   **Merci beaucoup.**

B   **De rien.**

◆

C **Pardon, à quelle heure part l'avion pour Barcelone?**

D **A trois heures.**

C **Merci bien.**

D **Je vous en prie.**

PRACTICE

◆ **1** Complete these sentences. More than one word may be required.

a) **A quelle . . . . . . part . . . . . . pour Nice?**

b) **. . . . . . est la gare?**

c) **Où . . . . . . les bus?**

d) **La banque est . . . . . . de la sortie.**

e) **La . . . . . . routière est . . . . . . -bas.**

f) **Le train . . . . . . Nice . . . . . . à six heures.**

◆ **2** Make sentences using the cue words.

a) You want to know where the bus station is (**Où?**).

b) You want to know what time the train leaves for Lille (**A quelle heure?**).

c) You want to say the plane leaves at 10 o'clock (**L'avion/10 heures**).

d) You want to say that the bank is over there on the left (**là-bas/ gauche**).

e) You want to know where the taxis are (**Où?**).

♦ **3** Practise asking and answering questions from the
following models, substituting the new words you know.

A **Pardon Monsieur. Où . . . . . . ?**

B **Là-bas . . . . . .**

C **S'il vous plaît Madame, à quelle heure part . . . . . . pour
. . . . . . ?**

D **A . . . . . . heures. Quai . . . . . .**

♦ **4** Practise asking and answering the questions.

A **Est-ce que c'est le train pour . . . . . . ?**

B **Oui. C'est ça.**

or

B **Non. Pour . . . . . . , c'est là-bas. Quai numéro . . . . . .**

♦ **5** Using the airport departure notice, practise times with
the following models.

DÉPARTS	
Destination	Heure
Nice	08.00
Lille	09.00
Londres	11.00

A **A quelle heure part l'avion pour
. . . . . . ?**

B **A . . . . . . heures.**

LISTENING TASKS

◆ **1** Tick the correct answer.

	Quai 6	Quai 11	Quai 12
1 heure			
3 heures			
4 heures			

◆ **2** Write the correct answer.

◆ **3** Complete the information.

DESTINATION	TIME	PLATFORM	CHANGE AT

◆ **4** Tick the right answer.

a) **changer**   b) **descendre**

Est-ce que vous avez une chambre?
Do you have a room?

You want a room for the night. Where should you go? What should you ask for? This unit will teach you to talk about hotels and their facilities, and give you practice in understanding prices.

NEW EXPRESSIONS IN UNIT 2

bonjour	hello, good morning, good afternoon
ce soir	this evening
combien (de) .. ?	how many .. ?
vous êtes	you are
nous sommes	we are
alors	so, then
Est-ce que vous avez .. ?	Have you got .. ?
nous avons	we have got
C'est combien?	How much is it?
service et taxes compris	service and tax included
Est-ce qu'il y a .. ?	Is there .. ?
il y a ...	there is/are ...
il n'y a pas ...	there isn't/aren't ...
au premier étage	on the first floor

NUMBERS

20 = **vingt**	100 = **cent**
21 = **vingt et un**	200 = **deux cents**
22 = **vingt-deux**, etc.	300 = **trois cents**
30 = **trente**	320 = **trois cent vingt**
40 = **quarante**	*Ordinal numbers*
50 = **cinquante**	first = **premier, première**
60 = **soixante**	second = **deuxième**
70 = **soixante-dix**	third = **troisième**
80 = **quatre-vingts**	fourth = **quatrième**, etc.
90 = **quatre-vingt-dix**	

VOCABULARY

l'office de tourisme/ le syndicat d'initiative	tourist office/ information centre
un hôtel	a hotel
la nuit	the night
seulement	only
une personne	a (one) person
une chambre	a (bed)room
une chambre à deux lits	a twin-bedded room
une chambre avec grand lit	a double-bedded room
avec salle de bains	with bathroom
avec WC	with toilet
le petit déjeuner	breakfast
un restaurant	a restaurant
un parking	a car park
chercher	to look for
être	to be
une salle de conférence	a conference room
les ascenseurs	the lifts
avec	with
enfants	children
un sauna	a sauna
un fax	a fax machine

FOCUS ON LANGUAGE

◆ There is – There are

Learn the very useful expression **il y a**, which can mean both *there is* and *there are*.

Il y a un restaurant.	There is a restaurant.
Il y a deux banques.	There are two banks.

To make a question, just add **Est-ce que**:

Est-ce qu'il y a un parking?   Is there a car park?

The negative form, **il n'y a pas de**, can mean both *there isn't* and *there aren't*.

Il n'y a pas de parking.	There isn't a car park.
Il n'y a pas de taxis.	There aren't any taxis.

The words **il y a** would translate literally as "it has there".

---

avoir – to have

j'ai I've got	**nous avons** we've got
tu as you've got	**vous avez** you've got
il/elle a he's/she's got	**ils/elles ont** they've got

vous avez . . ?/est-ce que vous avez . . ? = have you got . . ?

chercher – to look for

je cherche I'm looking for	**nous cherchons** we're looking for
tu cherches you're looking for	**vous cherchez** you're looking for
il/elle cherche he's/she's looking for	**ils/elles cherchent** they're looking for

vous cherchez . . ?/est-ce que vous cherchez . . ? = are you looking for . . ?

être – to be	
je suis I am	**nous sommes** we are
tu es you are	**vous êtes** you are
il/elle est he/she is	**ils/elles sont** they are

DIALOGUES

A **Bonjour Madame.**

B **Bonjour Monsieur.**

A **Je cherche un hôtel pour ce soir.**

B **Pour combien de nuits?**

A **Une nuit seulement.**

B **Et vous êtes combien?**

A **Nous sommes deux.**

B **Une chambre pour deux personnes alors?**

A **Oui, s'il vous plaît.**

◆

A **Bonjour Monsieur.**

B **Bonjour Madame.**

A **Est-ce que vous avez une chambre pour ce soir?**

B **Pour combien de personnes?**

A **Pour deux personnes.**

B **Une chambre à deux lits ou avec grand lit?**

A **Un grand lit s'il vous plaît.**

B **J'ai une chambre avec salle de bains et WC . . .**

◆

A   C'est combien la chambre?

B   C'est trois cent vingt francs, service et taxes compris.

◆

A   Le petit déjeuner est compris?

B   Ah non. Le petit déjeuner est 24 francs par personne.

◆

A   Est-ce qu'il y a un restaurant?

B   Oui Madame. Le restaurant est au premier étage.

A   Et est-ce qu'il y a un parking?

B   Ah non Madame, il n'y a pas de parking.

PRACTICE

◆ 1   Complete these sentences.

a)   Je . . . . . . un hôtel . . . . . . ce soir.

b)   Pour . . . . . . de nuits?

c)   Je cherche une . . . . . . pour deux . . . . . .

d)   Est . . . . . . chambre . . . . . . quatre nuits?

e)   Une chambre . . . . . . lits avec . . . . . . bains.

f)   Est-ce que le petit . . . . . . est . . . . . . ?

◆ **2** Reformulate the following statements and questions using the cue words given.

a) **Je cherche une chambre pour deux nuits (Est-ce que vous avez . . ?)**

b) **Nous avons une chambre à deux lits (Il y a/avec).**

c) **Il y a quatre personnes (Nous).**

◆ **3** Practise asking and answering questions from the following models, substituting the words you know.

A **Je cherche . . . . . . pour . . . . . .**

B **Pour combien de . . . . . . ?**

A **Pour . . . . . .**

◆

C **Est-ce que vous avez . . . . . . ?**

D **Avec . . . . . . ?**

C **A . . . . . .**

◆

E **Est-ce que . . . . . . compris?**

F **Oui/Non . . . . . .**

E **Est-ce qu'il y a . . . . . . ?**

F **Oui/Non . . . . . .**

E **C'est combien . . . . . . ?**

F **C'est . . . . . .**

LISTENING TASKS

◆ **1** What sort of accommodation is the man looking for?
Complete as much information as you can:

No. of People	Facilities required	Approximate price	How many nights?

◆ **2** **Vrai ou faux?** True or false?

She wants a double room.

She wants the room for 2 nights.

She doesn't want a bathroom.

The hotel can take her for both nights.

◆ **3** Can you answer these questions?

a) **C'est combien la chambre avec grand lit?**

   ....

b) **C'est combien les chambres pour une personne?**

   ....

c) **Est-ce que le petit déjeuner est compris?**

   ....

d) **Est-ce qu'il y a un restaurant?**

   ....

Ça va?
How are things?

Unit 3 is the first of three units which deal with the language of socializing. Here you'll be meeting, greeting and introducing people. You'll learn to ask about people's jobs and other circumstances, and at the end of the unit you'll say your longest bit of French so far!

NEW EXPRESSIONS IN UNIT 3

Comment vas-tu?	How are you? (*informal, to a friend*)
Comment allez-vous?	How are you (*formal, or to more than one person*)
Ça va?	How are things?
Ça va (très) bien	Fine
Et vous?	And you? (formal or plural)
Et toi?	And you? (informal)
Je vous/te présente . . .	May I introduce you to . . .
(Je suis) de Londres	(I'm) from London
en vacances	on holiday
Qu'est-ce que vous faites?	What do you do?, What are you doing?
en voyage d'affaires	on business, on a business trip

THE DAYS OF THE WEEK

lundi	Monday	**vendredi**	Friday
mardi	Tuesday	**samedi**	Saturday
mercredi	Wednesday	**dimanche**	Sunday
jeudi	Thursday		

VOCABULARY

un(e) ami(e)	a friend	**une semaine**	a week
anglais(e)	English	**longtemps**	some time, a long time
écossais(e)	Scottish		
un(e) étudiant(e)	a student	**avec**	with
un médecin	a doctor	**mon, ma, mes**	my
un représentant	a rep	**un mari**	a husband
ici	here	**une femme**	a wife, a woman
depuis	since, for	**un enfant**	a child
		un jour	a day, one day

FOCUS ON LANGUAGE

◆ **1** Jobs

If you want to say what your job is in French, the indefinite article (**un/une**) is not used:

Je suis étudiant. I am a student.
Je suis médecin. I am a doctor.
Elle est représentante. She is a rep.

◆ **2 depuis** – since/for

Compare these two sentences:

Je suis en France depuis   I have been in France since
samedi.   Saturday.
Il est en vacances depuis   He's been on holiday for a week.
une semaine.

Depuis can be used to mean both *since* a specific point in time (**depuis samedi**) and *for* a given period of time (**depuis une semaine**).

Notice that French uses the present tense in both cases. This is why French speakers sometimes get mixed up in English: "I am in America since two weeks".

Depuis longtemps means *for a long time*. We hear it in the last dialogue, where the woman asks – again, using the present tense – **Vous êtes ici depuis longtemps?** (Have you been here long?)

◆ **3 mon, ma** and **mes**

The possessive adjective – *my* – agrees with the things that are yours:

> **le mari** (m) – **mon mari** (my husband)
> **la femme** (f) – **ma femme** (my wife)
> **les enfants** (plural) – **mes enfants** (my children)

However, a feminine word that begins with a vowel would use **mon**, because it's easier to say.

> **mon amie** (f) – my (female) friend – not **ma amie**.

◆ **4** Adjectives

Adjectives describing a feminine noun usually have an **-e** added to the end. Adjectives describing plural nouns usually have an **-s** added (**-es** if feminine plural).

> **il est écossais** – he is Scottish
> **elle est écossaise** – she is Scottish
>
> **ils sont grands** – they are big
> **elles sont grandes** – they (referring to a feminine noun) are big

However, there are many irregular adjectives which don't follow this rule.

faire – to make/do

je fais I make/do   **nous faisons** we make/do
tu fais you make/do   **vous faites** you make/do
il/elle fait he/she makes/does   **ils/elles font** they make/do

DIALOGUES

A Bonjour Madame. Comment-allez vous?

B Bonjour Claude. Ça va bien merci. Et vous?

A Ça va très bien merci.

◆

A Bonjour Françoise. Comment vas-tu?

B Ça va merci. Et toi?

A Ça va. Je te présente deux amis. Jane et Paul. Ils sont anglais.

B Bonjour.

C & D Bonjour.

B Vous êtes de Londres?

C Non. Nous sommes de Manchester.

◆

A Vous êtes étudiant en France?

B Non, je suis en vacances.

◆

A **Qu'est-ce que vous faites en France?**

B **Je suis ici en vacances depuis samedi, avec mes enfants. Et vous? Vous êtes ici depuis longtemps?**

A **Je suis ici depuis une semaine avec mon mari. Il est en voyage d'affaires.**

PRACTICE

◆ **1** Complete the dialogue.

A **Bonjour Madame. Comment . . . . . . ?**

B **Ça va merci . . . . . . ?**

A **Ça va.**

B **Je vous . . . . . . mon mari, John. Il est . . . . . .**

A **Bonjour Monsieur.**

◆ **2** What questions would produce the following answers?

a) **Non, nous sommes de Rennes.**

b) **Non, je suis en voyage d'affaires ici.**

c) **Depuis trois jours.**

d) **Non, je suis représentant.**

◆ **3** Answer the following questions with complete sentences, using the cue words given.

a) **Vous êtes à Paris depuis longtemps? (Je/deux jours)**

b) **Paul est en vacances depuis longtemps? (Il/dimanche)**

c) **Qu'est-ce que vous faites à Nantes? (Nous/ici/voyage d'affaires/deux semaines)**

LISTENING TASKS

◆ **1** Match the people on the left with the information on the
right. We have completed details for Bruno for you, as an
example.

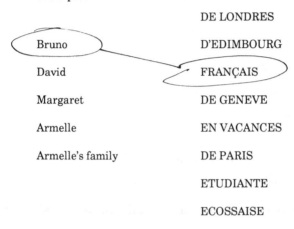

DE LONDRES

Bruno   D'EDIMBOURG

David   FRANÇAIS

Margaret   DE GENEVE

Armelle   EN VACANCES

Armelle's family   DE PARIS

                         ETUDIANTE

                         ECOSSAISE

◆ **2 Vrai ou faux?** (True or false?)

a) **Adam et Jane sont anglais.**

b) **Ils sont de Londres.**

c) **Monsieur Bourgeon est de Lyon.**

d) **Il est en vacances avec son enfant.**

e) **Jane et Adam sont en vacances.**

f) **Ils sont à Lyon depuis longtemps.**

Qu'est-ce qu'on va faire?
What are we going to do?

The verb **aller** (to go) is used a lot in Unit 4, because we hear people discussing their plans and saying what they are *going* to do. You will also learn how to ask for assistance and how to tell the time.

NEW EXPRESSIONS IN UNIT 4

Qu'est-ce que vous allez faire?	What are you going to do?
peut-être	perhaps, maybe
puis	then
ce soir	this evening
Je ne sais pas	I don't know
Vous pouvez .. ?/Est-ce que vous pouvez .. ?	Can you .. ?
Regardez!	Look!
Attendez!	Wait!
à côté de	next to
près de	near
Bien sûr!	Of course!
d'abord	first of all
plus lentement	more slowly
plus fort	louder
Ecoutez!	Listen!
Qu'est-ce qu'il y a?	What's wrong?/What is it?
à deux heures et demie	at half past two
à deux heures et quart	at a quarter past two
à (six) heures moins le quart	at a quarter to six
à midi	at midday
à minuit	at midnight
tout de suite	straightaway

NUMBERS

13 = **treize**	17 = **dix-sept**
14 = **quatorze**	18 = **dix-huit**
15 = **quinze**	19 = **dix-neuf**
16 = **seize**	

VOCABULARY

aujourd'hui	today	**donner**	to give
un musée	a museum	**commencer**	to begin
un bateau	a boat	**ouvrir**	to open
le cinéma	the cinema	**sur**	on
un film policier	a thriller	**moi**	me
		dans	in
le théâtre	the theatre	**le garage**	the garage
la banque	the bank	**un plan de la ville**	a town map
l'église	the church		
le téléphone	the telephone	**devant**	in front (of)
visiter	to visit	**derrière**	behind
prendre	to take	**la pharmacie**	the chemist's
voir	to see	**la poste**	the Post Office
expliquer	to explain		
montrer	to show	**les toilettes**	the toilet
dire	to say/tell	**le château**	the chateau
marcher	to work (= to function)	**la boutique**	the shop

FOCUS ON LANGUAGE

◆ **1** Talking about plans

To talk about what you are *going* to do, use the present
tense of the verb **aller** (to go) followed by the verb that says
what you will be doing, e.g.

Je vais prendre le train.	I'm going to take the train.
Nous allons voir un film.	We're going to see a film.

Use **qu'est-ce que** to ask someone what they are going to
do:

Qu'est-ce que vous allez faire? or, informally, **Qu'est-ce que
tu vas faire?**

In French *I am going to go to* and *I am going to* are
expressed in the same way:

Ce soir nous allons au cinéma.	This evening we are going to (go to) the cinema.

◆ **2** Object pronouns

In French, words like *us* or *me* come before the main verb:

Je vais la chercher.	I am going to pick her up.

me	me	**nous**	us
te	you	**vous**	you
le	him	**les**	them
la	her		

♦ **3** Commands

On the tape you will often hear **Ecoutez!** – Listen! Two
other common imperatives are **Attendez!** (Wait!),
Regardez! (Look!). To say *let's* do something, use the **nous**-
form of the verb on its own:

Ecoutons! – Let's listen!

♦ **4** Next to, near to

It would be wrong to say **en face de le musée**: the correct
form is **en face du musée**.

We have met several of these prepositions using **de**: **à côté
de** (next to), **en face de** (opposite), **près de** (near). **De + le**
are combined as **du**; **de + les** become **des**:

en face du musée	opposite the museum
à côté des toilettes	next to the toilets

♦ **5** On

On is much commoner than *one* in English. It can refer to
people in general (one, they, you):

On roule à gauche en	In England they drive on the
Angleterre.	left.

It is also very frequently used as a familiar substitute for
nous (we):

Qu'est-ce qu'on va faire?	What are we going to do?

♦ **6** Times

As in English, you can either talk about "quarters" and
"halves", or give the number of minutes:

It's a quarter past two –	**Il est deux heures et quart**
	or **deux heures quinze**
It's half past two –	**Il est deux heures et demie**
	or **deux heures trente**

It's a quarter to two –   **Il est deux heures moins le quart**
                           or   **deux heures quarante-cinq**

---

aller – to go

je vais I go/I'm going   **nous allons** we go/we're going
tu vas you go/you're going   **vous allez** you go/you're going
il/elle/on va he/she/one goes/is **ils/elles vont** they go/they're
  going   going

voir – to see

je vois I see   **nous voyons** we see
tu vois you see   **vous voyez** you see
il/elle voit he/she sees   **ils/elles voient** they see

DIALOGUES

A **Qu'est-ce que vous allez faire aujourd'hui?**

B **Nous allons visiter un musée. Le Louvre peut-être.**

C **Oui. Et puis nous allons prendre un bateau sur la Seine.**

D **Et ce soir nous allons au cinéma.**

A **Qu'est-ce que vous allez voir?**

D **Je ne sais pas.**

C **Moi, je vais voir un film policier.**

◆

A   Vous pouvez nous montrer où est le musée?

B   Oui. Regardez. C'est là. A côté du métro, près de l'église.

A   Merci. Et vous pouvez nous dire comment prendre le
    métro?

B   Bien sûr! D'abord . . .

C   Attendez! Vous pouvez nous expliquer plus lentement?

◆

A   A quelle heure commence le film?

B   A deux heures et demie.

C   A quelle heure ouvre la boutique?

D   A neuf heures et quart.

E   A quelle heure ferme le bureau?

F   A six heures moins le quart.

◆

A   Vous allez chercher Brigitte à quelle heure?

B   Je vais la chercher dans dix minutes.

◆

A   Nous allons voir Michel à quelle heure?

B   Nous allons le voir tout de suite.

PRACTICE

◆ **1** Answer the following questions with the cue words given.

a) **Qu'est-ce que tu vas faire aujourd'hui? (Je/visiter/château)**

b) **A quelle heure ouvre le château? (9.10)**

c) **Est-ce que tu vas au château avec un ami? (Oui/ Jean-Paul)**

d) **A quelle heure est-ce que vous allez chercher Jean-Paul? (le/5 minutes)**

e) **Où est le château? (derrière/l'église)**

◆ **2** Look at the pictures and describe where things are in relation to each other, using the key words given, e.g. **Où est le cinéma?"** or **"Vous pouvez me dire où est le cinéma?**

cinéma/théâtre – Le cinéma est en face du théâtre

a) **église/banque**   b) **musée/garage**   c) **gare/cinéma**

◆ **3**   Make questions from the following table. Make up some
         possible answers too!

(Est-ce que)	vous pouvez tu peux	nous me	dire expliquer montrer	où est .. ? comment marche .. ?

	dire	à quelle heure	ouvre .. ? ferme .. ? commence .. ?

LISTENING TASKS

Three friends are talking about their plans for the evening.
Listen carefully and complete as much information as you
can in French.

PLANS FOR THE EVENING	
LUCIE	
PIERRE	
CHRISTIAN	

FILM	STARTS	CINEMA	CINEMA LOCATION	FILM FINISHES	MEETING PLACE

Vous êtes arrivé quand?
When did you arrive?

In Unit 5 you will hear people talking about a recent trip.
This means we'll be using the past tense, and also giving
you French words for the weather and for months and
seasons.

NEW EXPRESSIONS IN UNIT 5

Quand?	When?
hier	yesterday
hier matin	yesterday morning
jouer au tennis	to play tennis
il y a	ago (in the past)
en bateau	by boat
en avion	by plane
en voiture	by car
en train	by train
en bus	by bus
en car	by coach
en vélo	by bike
à pied	on foot
au bureau	at the office
au cinéma	at/to the cinema
au théâtre	at/to the theatre
à la montagne	in the mountains
au bord de la mer	by the sea
A tout à l'heure!	See you later!
au téléphone	on the telephone
A demain!	See you tomorrow!
en hiver	in winter
en automne	in autumn
en été	in summer

au printemps	in spring
l'année dernière	last year
il a neigé	it snowed
il a plu	it rained
il a fait chaud	it was hot
il a fait froid	it was cold
il a fait beau	the weather was great
en Suisse	in/to Switzerland
au Portugal	in/to Portugal
dans	in
dernier, -ière	last
au revoir	goodbye
bonsoir	good evening, Good night
bonne nuit	good night

MONTHS

janvier January	**mai** May	**septembre** September
février February	**juin** June	**octobre** October
mars March	**juillet** July	**novembre** November
avril April	**août** August	**décembre** December

VOCABULARY

l'avion	plane	**le bateau**	boat
la télévision	television	**la carte**	postcard
le restaurant	restaurant	**postale**	
les Etats-Unis	the United	**beau, belle**	beautiful
	States	**le jour**	day
français	French	**la campagne**	country(side)

Verbs (past participle in brackets)

arriver (arrivé) to arrive
venir (venu) to come
faire (fait) to do
travailler (travaillé) to work
dîner (dîné) to have dinner
jouer (joué) to play
parler (parlé) to speak

prendre (pris) to take
visiter (visité) to visit
regarder (regardé) to watch/look
écrire (écrit) to write
passer (passé) to spend (time)
voyager (voyagé) to travel

FOCUS ON LANGUAGE

◆ **1** The past tense

To talk about what you did in the past, use the verb **avoir** +
the past participle:

J'ai regardé la télévision.   I watched television.

Some verbs – particularly "coming and going" verbs – work
with **être**, not **avoir**:

Elle est allée en avion.   She went by plane.
Je suis venu(e) en train.   I came by train.

When **être** is used, the past participle has to agree in
gender and number with the subject (i.e. add **-e**, **-s** or **-es**).
However, this makes no difference to the pronunciation.

◆ **2** When did . . ?

In Unit 5 we hear two ways of asking questions about the
past:

Tu es arrivé quand? and
Quand est-ce que tu es arrivée?

– both of which mean "When did you arrive?"

◆ **3** "ago"

Notice this special use of **il y a**:

> **il y a trois jours**   three days ago
> **il y a deux semaines**   two weeks ago

DIALOGUES

A **Valérie! Valérie!**

B **Bonjour Nicole! Ça va?**

A **Ça va merci. Tu es arrivée quand?**

B **Je suis arrivée hier matin.**

A **Tu es venue en bateau?**

B **Non. J'ai pris l'avion.**

◆

A **Tu es allée où en vacances, toi?**

B **En été?**

A **Non, cet hiver. L'hiver dernier.**

B **On est allé en Suisse. Il a plu.**

A **Moi aussi j'ai visité la Suisse l'année dernière. J'ai passé une semaine à la montagne au printemps . . . en avril. Il a fait beau!**

◆

A **On va au cinéma demain soir. D'accord?**

B **D'accord. Bonsoir alors. Et à demain!**

PRACTICE

◆ **1** What are the questions that would produce these answers?

a) **On est arrivé il y a trois heures.**

b) **Non, je suis allé à pied.**

c) **Ils sont partis en vacances.**

d) **On va au théâtre.**

e) **Non, il a plu!**

◆ **2** Fill in the blanks.

> Monsieur Gérard . . . . allé en vacances . . . .
> printemps l'année . . . . Il . . . . voyagé en Suisse et
> en France . . . . voiture. Il a . . . . chaud en France
> mais en Suisse . . . . a plu. En Suisse il a . . . . quatre
> jours . . . . la montagne.
> . . . . hiver il est . . . . au   Maroc.

◆ **3** **Qu'est-ce qu'ils ont fait?** Make statements about what each person did, using the cue words.

a) **Frank/deux semaines/la montagne**

b) **Jeannette/trois jours/la campagne**

c) **L'été dernier/on/allé/Espagne**

d) **Hier/Georges/télévision/et Marie/au bureau**

> **Et vous, qu'est-ce que vous avez fait hier?**
> **Et qu'est-ce que vous avez fait l'été dernier?**

LISTENING TASKS

◆ **1** Complete as much information as you can.

	ANTOINE	STEPHANE
SPENT HOLIDAY IN		
ARRIVED BACK		
MEANS OF TRANSPORT		
HOLIDAY PERIOD		
WEATHER		

◆ **2** Answer the questions and match the numbers you hear on the tape with the pictures on the opposite page.

1) **Où est-ce qu'elle est allée et comment?**

   ....

2) **Quand est-ce qu'il a visité le château?**

   ....

3) **Qu'est-ce qu'ils ont fait hier?**

   ....

4) **Ils sont allés comment?**

   ....

5) **Elle est arrivée quand?**

   ....

6) **Qu'est-ce qu'ils ont fait?**

   ....

Vous désirez autre chose?
Do you want anything else?

This is the first of two units dealing with the language of shopping.

NEW EXPRESSIONS IN UNIT 6

Est-ce que vous avez du/de l'/de la/des . . ?	Have you got any . . ?
Combien de tranches?	How many slices?
Je voudrais . . .	I'd like . . .
Vous désirez?	What would you like?
Vous désirez autre chose?	Anything else?
Qu'est-ce que vous avez comme . . ?	What have you got in the way of . . ?
C'est tout?	Will that be all?
Un kilo de . . .	A kilo of . . .
Un demi-kilo de . . .	Half a kilo of . . .
Un peu de . . .	A little . . ./Some . . .
deux cents grammes	200 grams
Je suis désolé.	I'm sorry.
celui-ci/celle-ci	this one
celui-là/celle-là	that one
Je n'aime pas . . .	I don't like . . .
Je ne veux pas . . .	I don't want . . .
Je n'ai pas de . . .	I haven't any . . .
Un peu de ça.	A bit of that.
Un(e) comme ça.	One like that.
C'est combien (la pièce)?	How much each?
C'est trop.	That's too much.
C'est trop (cher).	It's too (expensive).
Vous avez moins grand?	Have you got anything smaller?

VOCABULARY

l'épicerie *(f)*	grocer's shop	la cerise	cherry
le jambon de Paris	(York) ham	le melon	melon
		la pastèque	water melon
le jus de fruit	fruit juice	l'ananas *(m)*	pineapple
le jus d'orange	orange juice	la pomme	apple
le jus de pomme	apple juice	la banane	banana
		la fraise	strawberry
le lait	milk	la boîte	the box
la bière	beer	petit(e)	small (size)
la bouteille	bottle	grand(e)	big, large
le fromage	cheese	beau, belle	nice, beautiful
l'oeuf *(m)*	egg	moins	less
le pâté	paté	plus	more
l'eau minérale *(f)*	mineral water	cher, chère	expensive
		la douzaine	dozen
la pêche	peach	aimer	to like
le champignon	mushroom	vouloir	to want

FOCUS ON LANGUAGE

◆ 1 "some"

The French equivalent of *some* must agree in gender and
number with the word it precedes:

> **du lait** – some milk – because **lait** is masculine
> **de la bière** – some beer – because **bière** is feminine
> **des cerises** – some cherries – plural, masculine or feminine

◆ **2** Negatives

> **Tu aimes les pastèques?**   Do you like water melons?
> **Je n'aime pas les pastèques.**   I don't like water melons.

To make a statement negative, simply fit **ne . . . pas** around the verb:

> **Je n'ai pas de lait.**   I haven't got any milk.

Notice that after a negative we say just **de**, not **du**, **de la** or **des**.

DIALOGUES

A **Bonjour Madame.**

B **Bonjour Monsieur.**

A **Est-ce que vous avez du jambon de Paris?**

B **Oui. Combien de tranches?**

A **Je voudrais quatre tranches s'il vous plaît.**

B **Vous désirez autre chose?**

A **Oui. Qu'est-ce que vous avez comme jus de fruit?**

B **Jus de pomme, jus d'orange . . .**

A **Un jus de pomme, s'il vous plaît.**

B **C'est tout Monsieur?**

A **Er . . . un kilo de pêches s'il vous plaît . . . Et un peu de camembert . . .**

◆

A **Oui madame, vous désirez?**

B **Je voudrais un melon s'il vous plaît?**

A **Ah, je suis désolé. Je n'ai pas de melons aujourd'hui . . .
   mais j'ai des belles pastèques.**

B **Non merci . . . je n'aime pas les pastèques. Vous avez des
   ananas?**

A **Oui Madame. Celui-ci peut-être? Regardez! Il est beau!**

B **Er . . . non, je vais prendre celui-là.**

◆

A **C'est combien?**

B **Cinq francs la pièce.**

A **Mmmm . . . C'est trop cher. Vous avez moins grand?**

PRACTICE

◆ **1** How would you ask for the following in French? Use **Je
     voudrais** as well as **Est-ce que vous avez . . ?**

a) a little (i.e. a small quantity) of cheese

b) eight slices of ham

c) half a kilo of strawberries

d) some pâté

e) some beer

f) a little of something you don't know the name of!

◆ **2** See if you can complete the following:

a) **Est-ce que vous avez . . . . . . minérale?**

b) **Qu'est-ce que vous avez . . . . . . bière?**

c) **Des pastèques? Oui, je vais prendre . . . . . . -ci.**

d) **Vous avez des . . . . . . pommes! C'est combien le . . . . . . ?**

e) **Quarante francs? C'est un peu . . . . . . Vous avez . . . . . .
cher?**

◆ **3** Practise shopping for things using the following models:

Je voudrais	des du de la de l'	. . . .

C'est combien	la pièce? la bouteille? la boîte? le kilo? la douzaine?

LISTENING TASKS

◆ **1** Complete the man's shopping list, opposite, in as much
detail as you can.

◆ **2** Can you identify the missing words from what you
heard?

a) **Est-ce que vous avez . . . . . . ?**

b) **Je voudrais . . . . . . et . . . . . .**

c) **Je . . . . . . marché. J'ai acheté . . . . . ., ... et . . . . . .**

d) **Je suis . . . . . ., je n'ai pas . . . . . . mais il y a . . . . . .**

e) **Non. Je . . . . . .-ci. Il est . . . . . . Vous avez . . . . . ?**

. . . . . . par exemple?

C'est de la part de qui?
Who's calling?

Using the telephone is probably the hardest thing to do in a
foreign language, so don't be discouraged if you run into
difficulties when you first call France. Unit 7 contains lots of
helpful phone phrases to get you started. And remember you
can always ask people to speak more slowly: **Vous pouvez
parler plus lentement?**

RECORDED MESSAGES

Le numéro que vous avez composé n'est pas attribué. Veuillez consulter l'annuaire.	The number you dialled is not in service. Please look in the phone book.
Le numéro de votre correspondant a changé.	The number you are calling has changed.
Vous avez composé le mauvais numéro.	You have dialled incorrectly.
Veuillez renouveler votre appel.	Please try again.
Veuillez composer le . . .	Please dial . . .
Vous êtes chez . . .	You are through to. . .
Malheureusement je suis absent pour le moment.	Unfortunately I'm not here for the moment/at present.
Veuillez laisser votre nom.	Please leave your name.

OTHER TELEPHONE EXPRESSIONS

le numéro de téléphone	telephone number
Je peux téléphoner d'ici?	May I phone from here?
Je voudrais parler à . . .	I'd like to speak to . . .
C'est de la part de qui?	Who's calling?
C'est . . .	This is . . .

Ne quittez pas.	Hold on.
Je vous le/la passe.	I'm putting you through to him/her.
Je regrette.	I'm sorry.
Vous voulez patienter?	Do you wish to hold?
Vous voulez rappeler?	Do you want to call back?
Vous voulez laisser un message?	Do you want to leave a message?
en ce moment	at the moment
en ligne	connected
Allez-y.	Go ahead.
Excusez-moi de vous déranger.	Sorry to disturb you.
au sujet de	about, concerning
Je vous comprends mal.	I can't hear you very well (literally, "I understand you badly").

VOCABULARY

le message	message	**patienter**	to wait
le signal sonore	bleep	**rappeler**	to call back
		laisser	to leave
les Renseignements	Directory Enquiries	**l'assistant(e)**	assistant
le/la secrétaire	secretary	**répondre**	to reply
la tonalité	dialling tone	**appeler**	to call
raccrocher	to hang up	**rappeler**	to call back
disponible	free, available	**le rendez-vous**	a meeting
le poste	extension	**l'annonce** *(f)*	advertisement
occupé	busy, engaged	**écouter**	to listen
l'appel *(m)*	call	**téléphoner**	to phone
d'accord	okay	**le zéro**	zero ("o")
passer	to pass (= to give)	**composer**	to dial
		l'indicatif *(m)*	code
pouvoir	to be able to	**entendre**	to hear

vouloir — to want, to wish

je veux I want	**nous voulons** we want
tu veux you want	**vous voulez** you want
il/elle veut he/she wants	**ils/elles veulent** they want

DIALOGUES

A   Je voudrais parler à Madame Gérard, s'il vous plaît.

B   Oui madame. C'est de la part de qui?

A   C'est Monique Fournier.

B   Ne quittez pas . . . je vous la passe.

A   Merci.

◆

A   Madame Gérard n'est pas disponible pour le moment.

B   Vous pouvez me passer sa secrétaire s'il vous plaît?

A   Je regrette, mais son poste est occupé. Vous voulez patienter?

B   A quelle heure est-ce que je peux rappeler?

A   Je ne sais pas. Vous voulez laisser un message?

◆

A   Béatrice?

B   Oui?

A   Tu as un appel de Philippe Marceau.

B   Bon. D'accord.

A   Monsieur Marceau? Vous êtes en ligne . . . Allez-y . . .

C **Merci ... Allô? Mademoiselle Boyard?**

B **Oui. Bonjour Monsieur.**

C **Bonjour. Excusez-moi de vous déranger mais je vous appelle au sujet de notre rendez-vous.**

B **Ah oui ...**

PRACTICE

◆ **1** Complete the telephone dialogues:

a) *A* **Je ...... à Madame Chausson, s'il vous plaît.**

   B **...... qui?**

   A **...... Jean-Paul Lemarié.**

   B **Ne .... Je ...... passe.**

b) *B* **Je regrette, Madame Chausson ...... disponible.**

   A **Vous pouvez ...... Monsieur Julliot alors?**

   B **Son ...... est ......**

   A **Ah, est-ce que je ...... message?**

◆ **2** What would you say over the telephone in the following circumstances?

a) You want to know when you can call back.

b) You want to know if you can make a call from here.

c) You want to be put through to Philippe (use **passer**).

d) You want to speak to Mr Wilson about the advertisement.

e) You want the number of British Airways.

◆ **3** Practise saying these telephone numbers in French:

a) 389 22 10

b) 252 19 00

c) 43 12 87 44

LISTENING TASKS

◆ **1** Write down the numbers you hear:

a)

b)

c)

◆ **2** Complete the information:

Name of Company:

Caller:

Person required by caller:

Problem:

Alternative person required by caller:

Problem:

Message:

Je voudrais réserver une table
I'd like to book a table

Vous avez faim? – are you hungry? In Unit 8 we go to a restaurant, learn how to ask for information about the menu and then order a meal.

NEW EXPRESSIONS IN UNIT 8

Je voudrais réserver une table.	I'd like to book a table.
pour (trois) personnes	for three people
Pour quand?	When for?
C'est à quel nom?	And the name please?
Venez par ici.	Come this way.
je prendrai	I'll have (future tense of **prendre** — to take)
suivi de	followed by
il n'y a plus de . . .	there's no more . . .
C'est quoi?	What is it?
garni de	garnished with
Ça vous va?	Will that be alright for you?

VOCABULARY

choisir	to choose	**saignant**	rare
prendre	to take	**à point**	medium
la salade de tomates	tomato salad	**bien cuit**	well done (meat)
le steak frites	steak and chips	**la commande**	order

commander	to order	**le filet**	fillet steak
le coq au vin	chicken in wine	**le menu**	menu
les crevettes *(f)*	prawns	**l'entrée** *(f)*	starter
les huîtres *(f)*	oysters	**l'assiette de**	plate of raw
le gigot	leg of lamb	**crudités** *(f)*	vegetables
d'agneau		**le plat**	main dish/
conseiller	to recommend	**principal**	course
recommander	to recommend	**le pot-au-feu**	beef and
le pâté maison	the chef's own		vegetable
	pâté		stew
commencer	to start, to begin	**la boisson**	drink
la sole	sole	**l'eau minérale**	mineral water
le saumon	grilled salmon	*(f)*	
grillé		**gazeux, -euse**	fizzy
les légumes *(m)*	vegetables	**la demi-bouteille**	
les pommes	boiled potatoes		half-bottle
vapeur *(f)*		**rouge**	red
le cocktail de	prawn cocktail	**le pichet**	jug
crevettes		**la carafe d'eau**	carafe of
le poulet rôti	roast chicken		water
la blanquette	veal in white	**la carotte**	carrot
de veau	sauce	**la sauce**	sauce
les moules *(f)*	mussels	**l'addition** *(f)*	bill
le canard	duck	**quel (le)**	what
les pommes	matchstick		*(adjective)*
allumettes *(f)*	potatoes	**l'oignon** *(m)*	onion
le plat du jour	dish of the day	**le poireau**	leek
le navarin	lamb stew	**le navet**	turnip
d'agneau		**l'haricot vert**	french bean
la terrine	pâté	*(m)*	
le rouget	mullet	**le pain**	bread
le foie de veau	calf's liver	**le chorizo**	Spanish
entrecôte *(f)*	rib steak		sausage

FOCUS ON LANGUAGE

◆ **il n'y a plus**

We have learnt **il y a** (there is/are) and also the negative form, **il n'y pas**. In Unit 8 we meet a related phrase:

    il n'y a plus de ...   there's no more ...

In this case the waiter says that there's no more sole: **il n'y a plus de sole**.

As usual with **il y a**, the structure is the same in the plural: **il n'y a plus de pommes** – there are no more apples. Notice also that **il n'y a plus** is followed by **de**, not **du**, **de la** or **des**.

DIALOGUES

A **L'Epi d'Or, bonjour.**

B **Bonjour. Je voudrais réserver une table pour trois personnes s'il vous plaît.**

A **Bien sûr Monsieur. Pour quand?**

B **Pour demain soir, à 20 heures.**

A **Oui ... C'est à quel nom?**

B **Siboulet – S-i-b-o-u-l-e-t.**

A **Très bien Monsieur. Alors, une table pour trois personnes à 20 heures demain soir.**

◆

A   **Bonsoir. Nous avons réservé une table pour trois personnes au nom de Siboulet.**

B   **Oui Madame . . . Venez par ici s'il vous plaît.**

◆

A   **Vous avez choisi?**

B   **Moi . . . er oui. Je prendrai la salade de tomates suivie d'un steak-frites s'il vous plaît.**

A   **Oui Madame. Et vous voulez le steak comment? Saignant? A point?**

B   **A point s'il vous plaît.**

◆

A   **Et qu'est-ce que vous prenez, Monsieur?**

B   **Je ne sais pas . . . Qu'est-ce que vous me conseillez?**

A   **Le pâté maison est très bon . . .**

B   **Bon. Je vais commencer avec ça. Et puis . . . er . . . la sole.**

A   **Je suis désolé, Monsieur, il n'y a plus de sole . . . Mais je peux vous recommander le saumon grillé.**

B   **Très bien. Le saumon alors.**

A   **Et comme légume?**

B   **Des petites pommes vapeur s'il vous plaît.**

◆

```
          Menu

   Cocktail de crevettes
          Melon
          Moules

       Poulet rôti
   Blanquette de veau
Canard avec pommes allumettes
```

◆

A **Et pour Madame?**

B **C'est quoi le plat du jour?**

A **C'est un navarin d'agneau.**

B **Non ... er je prendrai le menu à 80 francs.**

A **Très bien. Qu'est-ce que vous voulez comme entrée?**

B **L'assiette de crudités.**

A **Une assiette de crudités ... et ensuite?**

B **C'est comment le pot-au-feu?**

A **C'est un pot-au-feu avec du chorizo, des poireaux et des petits navets.**

B **Très bien.**

◆

A **Et comme boissons?**

B **De l'eau minérale pour moi. Gazeuse.**

C **Une demi-bouteille de vin rouge pour moi.**

A **Nous n'avons pas de demi-bouteilles. Un pichet, ça vous va?**

C **Oui, ça va.**

D **Et une carafe d'eau s'il vous plaît.**

PRACTICE

◆ **1** Complete the sentences:

a) **Je . . . . . . une table.**

b) **Je . . . . . . le steak-frites s'il vous plaît.**

c) **Vous avez une table . . . . . . la fenêtre?**

d) **Mon steak n'est . . . . . . cuit!**

e) **Je suis désolé, il . . . : . . de canard.**

f) **Qu'est . . . . conseillez?**

◆ **2** What would you say in the following situations?

a) You want the bill.

b) You'd like the 189 franc menu.

c) You want to know what sort of wines they have.

d) You want to know what the dish of the day is.

e) You're a waiter explaining that there's no more salmon.

f) You're going to start with the chicken.

g) You want to reserve a table for two on Friday evening at 8.30.

◆ **3** Practise spelling these names in French:

WILSON   JAMES   GREEN   BECKETT

And practise spelling your own!

◆ **4** Practise asking about and ordering meals using the following models:

A | **Vous avez choisi?**
Vous êtes prêts à commander?
Qu'est-ce que vous prenez pour commencer?

B

Je prendrai			
C'est	comment	le	. . . .
	quoi	la	. . . .
		les	. . . .

A

Il n'y a plus de	
C'est	
Et comme	plat principal?
	légumes?
	boisson?

B

	du . . . .
Est-ce que vous avez	de . . . . ?
	de la . . . .
	des . . . .
Je prendrai . . . . alors.	

LISTENING TASKS

◆ **1** Complete the information.

When does he want the table?	For how many?	Table free at	Name

2 Complete the information.

◆

	Starter	Main course wanted	Main course ordered
Man			
Woman			

Est-ce qu'il y a un tabac près d'ici?
Is there a tobacconist's near here?

In our second unit on shopping we revise the French learned
in Unit 6, then go shopping for clothes. You will see how
adjectives work in French – big, small, expensive, etc. – and
even learn what to say if you want to take goods back to
the shop.

NEW EXPRESSIONS IN UNIT 9

Quelle taille?	What size?
Il (vous) faut . . .	You need . . .
Je peux (l') essayer?	Can I try it on?
C'est tout?	Is that all?
Ça fait . . .	that comes to . . .
Ça fait combien?	What does that come to?
pas encore	not yet
C'est difficile.	It's difficult.
un peu (grand)	a bit (big)
Je vais réfléchir.	I'll think about it.
Est-ce que je peux l'échanger?	Can I change it?
C'est pour offrir?	Is it a present?

COLOURS

marron	brown	**noir**	black
rose	pink	**blanc**	white
jaune	yellow	**rouge**	red
vert	green	**bleu**	blue

VOCABULARY

le supermarché (e.g. **Monoprix**, **Uniprix**, **Prisunic** or **Leclerc**)	supermarket	**la ceinture**	belt
la boucherie	butcher's	**le chemisier**	blouse
la charcuterie	delicatessen	**long, longue**	long
la boulangerie	baker's	**court**	short
la pâtisserie	cake shop	**joli**	pretty
la papeterie	stationery shop	**en coton**	cotton
la librairie	bookshop	**en laine**	woollen
la bibliothèque	library	**en cuir**	leather
la pharmacie	the chemist's	**le timbre**	stamp
le café	the café	**la carte postale**	postcard
le tabac	tobacconist's	**un(e) autre**	another
le bar-tabac	café & tobacconist's	**le tee-shirt**	tee-shirt
la chemise	shirt	**les chaussures**	shoes
la veste	jacket	**essayer**	to try (on)
la jupe	skirt	**comme**	like
le pantalon	trousers	**plus**	more
la cravate	tie	**moins**	less
le pull	pullover	**trop**	too
la taille	size/waist	**tour de cou**	collar size
		tour de poitrine	chest size
		tour de taille	waist size

FOCUS ON LANGUAGE

♦ **1** Adjectives – position and agreement

Adjectives generally go after the noun they describe: **la
cuisine française** (French cooking). **Petit** (small) goes

before the noun, as do a few other very basic adjectives, e.g.
grand (big), **jeune** (young), **vieux** (old), but these are the
exception rather than the rule. Adjectives of colour always
come after the noun:

un pull bleu   a blue pullover

The feminine is usually formed by adding an **-e**, the
masculine plural by adding **-s** and the feminine plural by
adding **-es**:

une chemise bleue   a blue shirt
des chaussures bleues   blue shoes

◆ **2** Making comparisons with **plus** and **moins**

The only way to make comparatives (smaller, prettier, etc.)
is to put **plus** in front of the adjective:

plus grand   bigger
plus cher   more expensive, dearer
plus joli   prettier

Moins means *less*:

Celui-ci est moins cher.   This one is less expensive.

In this unit we also hear how to say that something is *too*
expensive, *too* small, etc.:

C'est trop cher.   It's too expensive.
C'est trop petit.   It's too small.

◆ **3** **Il vous faut ...**

This handy expression is used to say what you *need*.

Il vous faut un quarante.   You need a size 40.
Il me faut une taille plus   I need a larger size.
grande.

DIALOGUES

A Bonjour.

B Bonjour. Je voudrais une chemise bleue en coton s'il vous
   plaît. Un peu comme celle-là. Vous l'avez en plus grand?

A Quelle taille?

B Je ne sais pas. En Angleterre c'est seize.

A Seize . . . alors il vous faut un quarante-quatre je crois . . .
   Voilà Monsieur.

B Je peux l'essayer?

◆

A Bonjour Madame.

B Bonjour Monsieur. Six cartes postales s'il vous plaît, et je
   voudrais aussi quatre timbres à deux francs cinquante et
   deux timbres à deux francs quatre-vingts.

A C'est tout Madame?

B Oui, c'est tout, merci.

A Ça fait vingt-sept francs soixante alors.

◆

A Alors Madame, vous avez choisi?

B Pas encore. C'est difficile.

A Celui-là est très joli.

B Oui, mais je crois qu'il est un peu grand.

C Oui. Il est trop long.

B **Vous l'avez en plus petit?**

A **Oui, mais seulement en jaune ou en rose. Je n'ai pas de petite taille en rouge.**

B **Je crois qu'on va réfléchir.**

PRACTICE

◆ **1** Say what you want, in complete sentences, from the following cues.

a) **veste/marron/laine**

b) **Il/faut/pantalon/jaune/coton**

c) **Jupe/noir/cuir**

d) **Taille/plus petite/rouge?**

e) **Trop long/plus court?**

◆ **2** Express the following using the cues given.

a) You want to try the shoes on. (**essayer**)

b) You need a larger size. (**faut**)

c) You want to know how much the bill is. (**Ça fait**)

d) You want 3 stamps @ 1 franc 50. (**timbres**)

e) You don't like some shoes you have bought. Ask if you can change them. (**échanger**)

LISTENING TASKS

◆ **1** Link the specifications for what the man wants

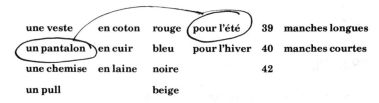

une veste	en coton	rouge	pour l'été	39 manches longues
un pantalon	en cuir	bleu	pour l'hiver	40 manches courtes
une chemise	en laine	noire		42
un pull		beige		

◆ **2** Which shops will they go to?

la charcuterie		la librairie	
la pâtisserie		le tabac	
la boucherie		l'épicerie	
la boulangerie		la papeterie	

◆ **3** What's the man's opinion of the dresses?

la robe bleue: la robe rouge:

plus . . . .   trop . . . .

très . . . .

Quand j'étais jeune . . .
When I was young . . .

Unit 10 is about saying what you like doing and what you
don't like doing, what you do now and what you used to do.

NEW EXRESSIONS IN UNIT 10

Vous voulez danser? (Tu veux danser?)	Would you like to dance?
Vous êtes gentil, mais . . .	That's very kind of you, but . .
Je n'aime pas tellement marcher.	I don't much like walking.
tous les (vendredis)	every (Friday)
Je ne vais jamais à . . .	I never go to . . .
quand j'avais (seize) ans	when I was (sixteen)

VOCABULARY

faire une promenade	to go for a walk	**fumer**	to smoke
marcher	to walk	**habiter à**	to live in
adorer	to love	**jouer au tennis**	to play tennis
faire du ski	to go skiing	**faire de la bicyclette**	to go cycling
danser	to dance	**faire de la voile**	to go sailing
nager	swim	**faire de l'équitation**	to go riding
sortir	to go out		
lire	to read	**le bureau**	office
écouter	to listen (to)	**le week-end**	weekend
manger	to eat		

la campagne	the country(side)	le match de	football match
la viande	meat	football	
les échecs	chess	le théâtre	theatre
l'école *(f)*	school	le concert de	jazz concert
l'étudiant(e)	student	jazz	
l'an *(m)*	year	la musique	music
gentil, -ille	kind	la piscine	swimming
tellement	so much, that		pool
	much	Suisse	Switzerland
tous les jours	every day	si	yes (*after*
souvent	often		*negatives*)
quelquefois	sometimes	beaucoup	a lot
jamais	never	Pâques	Easter
jeune	young		
ça	that (*abbreviation*		
	of cela)		

FOCUS ON LANGUAGE

◆ **1** Never

To say you *never* do something, simply fit the words **ne** and **jamais** around the verb.

> **Je ne vais jamais au théâtre.** I never go to the theatre.
> **Tu n'as jamais fumé?** You've never smoked?

◆ **2** The imperfect tense

We use verbs in the imperfect tense to talk about what we *used to* do or what *used to* be the case.

> **Il y a deux ans j'habitais**   Two years ago I used to live
> **à Londres.**   in London.
> **Je fumais beaucoup quand**   I smoked (*or* I used to smoke)
> **j'étais jeune.**   a lot when I was young.

The verb endings for the imperfect tense are as follows:

je fum/ais	**nous fum/ions**
tu fum/ais	**vous fum/iez**
il/elle fum/ait	**ils/elles fum/aient**

The rule for forming the imperfect tense is to take the **nous**-form of the present tense and replace the **-ons** ending with the imperfect endings shown above:

nous fumons	we smoke
nous fumions	we used to smoke

The only exception to this rule is the verb **être** (to be), which has an irregular imperfect tense:

j'étais	**nous étions**
tu étais	**vous étiez**
il/elle était	**ils/elles étaient**

◆ **3** Ages

Ages are given using the verb **avoir**:

Elle a sept ans.	She is seven (literally "she has seven years").
J'ai trente ans.	I'm thirty.

To talk about when you were younger, use the imperfect tense of **avoir**:

quand j'avais seize ans	when I was sixteen
quand elle avait douze ans	when she was twelve

You will hear more about this in Unit 13.

DIALOGUES

A **Vous voulez faire une promenade?**

B **Er ... non merci. Vous êtes gentille mais je n'aime pas tellement marcher.**

A **Moi, j'adore ça. Je vais au bureau tous les jours en voiture mais les week-ends je fais souvent des promenades à la campagne.**

◆

A **Tu veux jouer au tennis?**

B **Non merci. Je ne joue pas.**

A **Tu n'a jamais joué?**

B **Si, quand j'étais jeune je jouais beaucoup au tennis.**

PRACTICE

◆ **1** Complete the sentences.

a) **Vous voulez . . . . du ski?**
   Vous êtes . . . . mais je n'aime pas . . . .

b) **Moi, je . . . . ski . . . . les ans à Pâques.**

c) **Jean-Paul va . . . . au cinéma mais il ne . . . . au théâtre. Il n'aime pas ça!**

d) **. . . . . . . les dimanches, Marie-Anne . . . . l'église.**

e) **Quand . . . . jeune, je . . . . beaucoup aux échecs.**

f) **Quand il . . . . seize ans, il n' . . . . pas . . . . la musique classique.**

◆ **2** Express the following in French.

a) Ask a good friend if he/she wants to go out tonight.

b) Decline politely an invitation to a concert and say you don't really like classical music.

c) Say you have never smoked.

d) Ask someone politely if he/she comes here often.

e) Say that a year ago you used to go for a walk every day.

◆ **3** Practise asking and answering questions using the following models.

Vous voulez	**. . . . . . . ?**
Tu veux	**. . . . . . . ?**
Non merci, je n'aime pas tellement	

	tous les jours?
Est-ce que tu	**souvent?**
Est-ce que vous	**quelquefois?**
	tous les ans?

Tu n'as	
Vous n'avez	**jamais . . . .**

Si, quand . . . . je	**souvent**
	beaucoup.
Non, je n'ai jamais	

LISTENING TASKS

◆ **1** Complete as much information as you can.

	LIKES	DISLIKES
CHRISTINE		
FANNY		

◆ **2** Note against each person's name their activities in the
past and now. The first one has been started for you.

	USED TO	WHEN?	NOW
Françoise	elle ne fumait jamais		
Michel			
Paul			
Charlotte			
Jean et Isabelle			

Est-ce que je peux changer de l'argent ici?
Can I change some money here?

Changing money, hiring a car, breaking down . . . Unit 11
deals with very practical situations, some of which we hope
you won't ever encounter. A lot of useful new vocabulary is
introduced in this unit, particularly connected with cars.

NEW EXPRESSIONS IN UNIT 11

Je peux changer de l'argent?	May I change some money?
Quel est le cours de la livre?	What is the exchange rate for the pound?
Vous avez de la monnaie?	Have you got any change?
en billets de 100 francs	in 100 franc notes
par chèque	by cheque
en espèces	in cash
J'ai besoin de . . .	I need . . .
pour la journée/semaine	for the day/week
Le plein, s'il vous plaît.	Fill it up please.
Bien sûr!	Of course!
Vous pouvez vérifier l'huile?	Can you check the oil?
Je suis en panne.	I have broken down.
Qu'est-ce qui ne va pas?	What's the trouble?
Vous pouvez me donner un coup de main?	Can you give me a hand?
Ce n'est pas la peine de . . .	It's not worth . . .
Je vous conduis à . . .	I'll drive you to . . .
C'est à cinq minutes.	It's five minutes away.

VOCABULARY

les travellers	traveller's cheques
la pièce d'identité	means of identification
le cours (de change)	exchange rate
la livre	pound (sterling)
la monnaie	change
l'argent	money
le billet	note
la voiture	car
dire	to say, to tell
payer	to pay
louer	to hire
vérifier	to check
chaque	each
après	after
loin	far
le permis de conduire	driving licence
la carte de crédit	credit card
le modèle	model
les bagages	luggage
la station-service	petrol station
chauffer	to overheat
caler	to stall
démarrer	to start
marcher	to work (as in "it doesn't work")

pousser	to push
monter	to climb
conduire	to drive
aider	to help
remorquer	to tow
le pneu crevé	puncture, flat tyre
le moteur	engine
les freins	brakes
la boîte de vitesses	gearbox
le starter	choke
le démarreur	the starter
la roue	wheel
la direction	steering
le service de dépanage	breakdown service
super	four-star petrol
sans plomb	lead-free
l'huile *(f)*	oil
l'essence *(f)*	petrol
le gasoil	diesel
la batterie	battery
à plat	falt
le phare	headlight
l'embrayage *(m)*	clutch

FOCUS ON LANGUAGE

◆ **1**   What . . ?, which . . ?

What is . . ? is expressed in French by **Quel est . . ?** or
Quelle . . ?, depending on whether the subject referred to is
masculine or feminine, e.g.

Quel est le cours de la livre?	What is the exchange rate for the pound?
Quelle est la capitale de la France?	What is the capital of France?

What . . ? or *Which . . ?* when enquiring about particular
things are also expressed by **Quel . . ?**, e.g.

Quelle heure est-il?	What time is it?
Quel modèle?	Which model?

What . . ? when it is itself the subject of the sentence is
expressed by **Qu'est-ce qui . . ?**, e.g.

Qu'est-ce qui ne va pas?	What's the trouble?

◆ **2**   *No longer* and *any more*

Ça ne marche plus.	It doesn't work any more.

Ne and **plus** are fitted around the verb to say that
something does not happen *any more*. The structure is just
like **ne . . . pas** (Unit 2) and **ne . . . jamais** (Unit 10).

Je ne t'aime plus.	I don't love you any more.

DIALOGUES

A   Est-ce que je peux changer de l'argent ici? J'ai des travellers.

B   Oui Madame. Vous avez une pièce d'identité?

A   Oui, j'ai mon passeport. Quel est le cours de la livre sterling?

B   Er . . . neuf francs quatre-vingts. Combien est-ce que vous voulez changer?

A   Deux cents livres.

B   Bon. Vous signez là, sur chaque chèque s'il vous plaît.

◆

A   Je voudrais louer une voiture pour la semaine.

B   Oui Madame. Est-ce que je peux avoir votre permis de conduire s'il vous plaît? . . . Merci . . . Vous payez comment? Carte de crédit, chèque ou en espèces?

A   Carte de crédit.

B   Et vous voulez quel modèle?

A   J'ai besoin d'une grande voiture. Nous sommes cinq avec beaucoup de bagages.

◆

A   Le plein s'il vous plaît.

B   Oui Madame. Super?

A   Vous avez sans plomb?

B   Bien sûr.

A **Est-ce que vous pouvez vérifier l'huile et l'eau?**

B **D'accord. Et les pneus?**

A **Non merci.**

◆

A **Qu'est-ce qui ne va pas?**

B **Je ne sais pas. Vous pouvez me donner un coup de main? Elle a calé et elle ne démarre plus.**

A **Vous avez de l'essence?**

B **Oui.**

A **C'est peut-être la batterie. Elle est à plat?**

B **Non, je ne crois pas. Regardez, les phares marchent.**

A **Ce n'est pas la peine de pousser alors. Montez avec moi, je vous conduis au garage.**

B **C'est loin?**

A **Non, c'est à cinq minutes. Il y a un service de dépannage.**

B **Vous êtes très gentil. Merci beaucoup Monsieur.**

PRACTICE

◆ **1** Complete the sentences.

a) **Je voudrais . . . . Quel est le cours du franc suisse?**

b) **Je voudrais téléphoner et j'ai seulement un . . . . de 50 francs. Vous avez de . . . .?**

c) **Je voudrais . . . . une voiture pour la journée.**

d) **Le . . . . s'il vous plaît. Et est-ce que vous . . . . l'huile?**

e) **La batterie est** . . . . **et la voiture ne** . . . . **plus.**

f) **Est-ce qu'il y a un** . . . . **près d'ici? Je suis en** . . . .

g) **Les freins ne** . . . . **pas.**

h) **Est-ce que vous pouvez me** . . . . **un coup de main?**

◆ **2** Express the following, using any cue words given to help you.

a) You want your money in 100-franc notes.

b) You want someone to give you a hand.

c) You want to know if you can pay by cheque.

d) You want to know if the petrol station is far.

e) Your clutch no longer works. Ask someone to tow you.
(**l'embrayage/marcher/remorquer**)

f) You wish to know what models of car are available for hire (**Je voudrais . . . /Qu'est-ce . . . comme . . ?**).

LISTENING TASK

You will hear seven people asking for help of some sort. Note down in as much detail as you can what each of them requires, or what their problems are.

J'ai mal
I don't feel well

If you go to the doctor's or the dentist's in France you will
have to pay for treatment, which is why some travellers
take out health insurance. Remember that chemists are
qualified to prescribe for minor ailments, so look for **la
pharmacie** with its green-cross sign.

NEW EXPRESSIONS IN UNIT 12

Vous pouvez m'aider?	Can you help me?
J'ai (très) mal à la tête.	I've got a (bad) headache.
Depuis quand?	Since when? For how long?
Vous pouvez me donner quelque chose?	Can you give me something (for it)?
J'ai de la fièvre.	I've got a temperature.
Il faut . . .	You must . . .
Il faut prendre . . .	You must take . . .
J'ai mal au coeur.	I feel sick.
aller au lit	to go to bed
tous les jours	every day
chez le médecin	to/at the doctor's
Ça vous fait mal?	Does that hurt (you)?
Ça (me) fait mal.	It hurts.
Qu'est-ce que vous me conseillez de faire?	What do you advise me to do?
Elle n'est pas bien du tout.	She's not at all well.

LES PARTIES DU CORPS

la tête	head	le coeur	heart
l'estomac	stomach	la jambe	leg
la gorge	throat	la poitrine	chest
le pied	foot	le doigt	finger
la bouche	mouth	le bras	arm
la dent	tooth	la main	hand
le dos	back	le cou	neck

VOCABULARY

quelque chose	something	la toux	cough
quelque(s)	some, a few	antibiotiques *(m)*	antibiotics
autre(s)	other		
le symptôme	symptom	l'ordonnance	prescription
la fièvre	fever, temperature	la diarrhée	diarrhoea
		les règles *(f)*	(my) period
par exemple	for example	pendant	for, during
le comprimé	tablet	aider	to help
le docteur	doctor	vomir	to vomit
le médecin	doctor	tousser	to cough
le/la dentiste	dentist	ouvrir	to open
le lit	bed	se coucher	to lie down
fatigué	tired	se casser	to break
partout	everywhere	se brûler	to burn oneself
l'appétit	appetite		
l'angine *(f)*	throat infection	se couper	to cut oneself
la grippe	the flu		

FOCUS ON LANGUAGE

◆ **1 J'ai mal au ...**

Use this expression to say *I've got a pain in ...* or *My ...
hurts*. The **au** becomes **à la** or **aux** according to the gender
and number of the noun which follows. A singular noun of
either gender will be preceded by **à l'** if that noun begins
with a vowel.

J'ai mal à la tête.	I've got a headache.
J'ai mal au dos.	I've got a pain in my back *or* backache.
J'ai mal à l'oreille.	My ear hurts *or* I've got earache.
J'ai mal aux dents.	I've got toothache.

◆ **2** Giving advice with **il faut**

In the first dialogue we hear the chemist telling the
customer that he must take two pills:

Il faut en prendre deux ... (**en** = of them. See Unit 13.)

Il faut + infinitive is used to give people advice or tell them
what they *must* do:

En Angleterre il faut conduire à gauche.	In England you have to drive on the left.

The negative form – **il ne faut pas** – is used to tell people
what they must *not* do:

Il ne faut pas boire d'alcool.	You mustn't drink any alcohol.

◆ **3** Reflexive verbs

Reflexive verbs have an additional pronoun between subject and verb, corresponding roughly to *myself, yourself,* etc. in English.

Tu vas te brûler!   You're going to burn yourself!

In many cases French has a reflexive verb where English would have an ordinary verb with no reflexive pronoun:

je me couche I lie down *or* I go to bed:

je me couche	**nous nous couchons**
tu te couches	**vous vous couchez**
il/elle se couche	**ils/elles se couchent**

All reflexive verbs use **être** to make the past tense:

je me suis brûlé	I (have) burnt myself
tu t'es brûlé	you have burnt yourself
il s'est brûlé	he has burnt himself
elle s'est brûlée	she has burnt herself
nous nous sommes brûlés	we have burnt ourselves
vous vous êtes brûlé	you have burnt yourself
vous vous êtes brûlés	you have burnt yourselves
ils se sont brûlés	they have burnt themselves
elles se sont brûlées	they *(f)* have burnt themselves

Notice how the past participle takes an extra **-e, -s** or **-es** when the subject is **elle, nous, vous, ils** or **elles**. This is a spelling convention and makes no difference to the pronunciation.

Finally, a special use of reflexives which we hear a lot in Unit 12:

Je me suis brûlé le doigt.	I've burnt my finger.
Je me suis cassé le bras.	I've broken my arm.
Elle s'est coupé le doigt.	She's cut her finger.

So how would you say "My son has broken his arm"? *My son* is **mon fils**. The answer is on the tape.

voir – to see

je vois I see	**nous voyons** we see
tu vois you see	**vous voyez** you see
il/elle voit he/she sees	**ils/elles voient** they see

boire – to drink

je bois I drink	**nous buvons** we drink
tu bois you drink	**vous buvez** you drink
il/elle boit he/she drinks	**ils/elles boivent** they drink

DIALOGUES

A   **Bonjour Mademoiselle . . . Vous pouvez m'aider? J'ai très mal à la tête . . . Vous pouvez me donner quelque chose?**

B   **Oui Monsieur. Vous avez mal depuis quand?**

A   **Depuis quelques heures.**

B   **Vous avez d'autres symptômes? De la fièvre par exemple?**

A   **Non, non . . . je n'ai pas de fièvre.**

B   **Bon. Je vais vous donner des comprimés. Il faut en prendre deux avec un peu d'eau.**

◆

A   **Bonjour docteur.**

B   **Bonjour. Alors, qu'est-ce qui ne va pas?**

A   **Je ne sais pas . . . Je tousse beaucoup, je suis très fatigué et j'ai mal partout.**

B   **Mmmm . . . Ouvrez la bouche . . . Ça vous fait mal?**

A   **Un peu, oui.**

D Vous avez de l'appétit?

A Non. Je n'ai pas faim en ce moment.

B Bon. Ecoutez, vous avez une angine et un peu de grippe.
   Je vais vous donner quelque chose pour la toux et des
   antibiotiques . . . Voilà l'ordonnance. Et je vous conseille
   de vous coucher pendant quelques jours . . .

◆

A Moi? Je me suis cassé le bras!

B Et moi, je me suis brûlée la main.

C Regardez mon mari . . . il s'est coupé le doigt.

PRACTICE

◆ 1 Complete the sentences.

a) **Je . . . . . . conseille de . . . . . . coucher pendant une
   semaine.**

b) **Il . . . . . . pas manger pendant 24 heures.**

c) **J'ai mal à l'estomac . . . . . . vendredi.**

d) **Vous pouvez . . . . . . quelque chose pour la gorge.**

◆ 2 Express the following in French.

a) Tell the chemist you've been coughing for five days and ask if he
   can give you something for it.

b) Say you haven't got a temperature.

c) Ask for a prescription.

d) Ask if you must see the doctor.

◆ 3 Practise asking and answering questions about
      symptoms and illnesses, using the following models.

   J'ai mal à . . . . . . depuis . . . . . .

   Vous avez . . . . . ?

   Vous pouvez me donner . . . . . ?

   Il faut . . . . . .

   Je vous conseille de . . . . . .

   Je me suis . . . . . .

LISTENING TASKS

◆ 1 Listen to the conversation carefully and complete as
      much of the missing information as you can.

   A **Je peux . . . . . . Madame?**

   B **Oui Monsieur, merci. C'est à propos de ma fille. Elle . . . . .
      bien du tout.**

   A **Qu'est-ce . . . . . ?**

   B **Elle a . . . . et elle vomit. Elle . . . . du tout.**

   A **Il y a d'autres symptômes?**

   B **Elle a . . . . et elle tousse un peu. Vous . . . .
      . . . . pour elle?**

◆ 2 Match the symptoms and diagnosis you hear with the
      pictures overleaf.

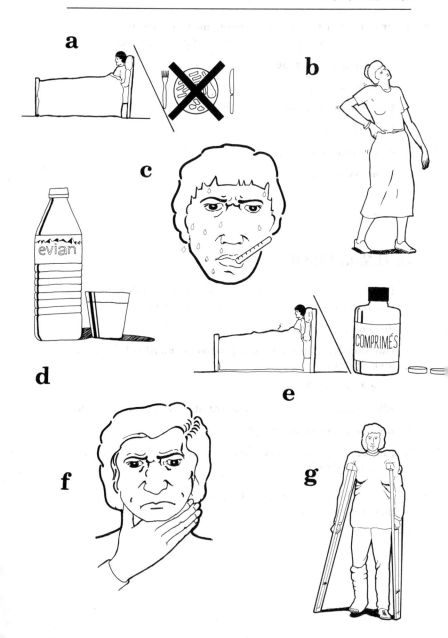

Tu connais un endroit bien?
Do you know a nice place?

Following on from Units 3 and 10, Unit 13 takes another
look at the language of social situations. We will hear
friends talking about themselves and their families, and
making plans for an evening out.

MAIN EXPRESSIONS

J'ai envie de . . .	I feel like . . .
n'est-ce pas?	isn't it?, aren't they?, haven't you?, etc.
C'est ça!	That's right!
c'est prévu pour . . .	it's planned for . . .
formidable	great
Félicitations!	Congratulations!
Vous avez quel âge?	How old are you?
J'ai vingt ans.	I'm 20 (years old).
Tu connais un endroit bien pour manger/danser/etc.?	Do you know a good place to eat/dance/etc.?
par ici	round here
Ça vous dit d'aller au cinéma?	Do you fancy going to the cinema?
Ça m'est égal.	I don't mind., It's all the same to me.
On passe un bon film?	Are they showing a good film? Are there any good films on?
Ce n'est pas mauvais.	It's not bad.
comme toujours	as always
prendre un pot	to have a drink
chez Michel	at Michel's (place)

VOCABULARY

l'orange pressée	freshly squeezed orange juice	**le gâteau**	cake
le demi	half (beer)	**la fenêtre**	window
le saucisson	sausage	**vraiment**	really
la glace	ice cream	**ici**	here
la glace à la fraise	strawberry ice cream	**déjà**	already
la pression	draught beer	**presque**	almost
la bière	beer	**mal**	badly
le mari	husband	**toujours**	always
le lycée	secondary school	**ce, cette, cet**	this, that
le professeur	teacher	**ces**	these, those
le garçon	boy	**en**	of it, of them, some, any
la fille	girl		
le bébé	baby	**marié**	married
le mois	month	**prévu**	planned, arranged
l'endroit *(m)*	place	**divorcé**	divorced
la boîte de nuit	night club	**séparé**	separate
		mauvais	bad
la plage	beach	**se marier**	to get married
le journal	newspaper	**jouer**	to play, to act
la voiture	car	**acheter**	to buy

FOCUS ON LANGUAGE

◆ **1   en**

This little word is constantly slipping into French
sentences, always directly before the verb. The only way to
translate it would be *of it* or *of them*, though most often
there is no equivalent in English.

In Unit 12 we heard a chemist dispensing pills:

Il faut en prendre deux avec un peu d'eau.	You must take two (of them) with a little water.

In the first dialogue of Unit 13, the man in the café orders a sandwich, then asks his friend if she wants one:

Et toi, tu en veux un?	And you, do you want one (of them)?

Look how **en** is used in the following exchanges.

Vous avez des enfants?	Do you have any children?
Oui, nous en avons deux.	Yes, we've got two.

Vous avez acheté du lait?	Did you buy some milk?
Oui, j'en ai acheté.	Yes, I bought some.

or

Non, je n'en ai pas acheté.	No, I didn't buy any.

◆ **2** "I'd like" with **envie de**

J'ai envie de means *I'd like* or *I feel like*. It can be followed by a noun, as in our dialogue:

J'ai envie d'une glace	I'd like an ice cream

or by a verb:

J'ai envie de nager	I'd like to have a swim.

◆ **3** ce(t), cette, ces

The demonstrative adjective (this, that, these, those) agrees in gender and number with the noun it precedes.

Use **ce** with masculine nouns: **ce printemps** – this spring.

Use **cet** with masculine nouns that begin with a vowel: **cet été** – this summer.

Use **cette** with feminine nouns: **cette voiture** – this car.

Use **ces** with plurals: **ces touristes** – these tourists.

connaître – to know (a person, a place, etc.)

je connais	nous connaissons
tu connais	vous connaissez
il/elle connaît	ils/elles connaissent

savoir – to know (a fact)

je sais	nous savons
tu sais	vous savez
il/elle sait	ils/elles savent

DIALOGUES

A Messieurs dames . . .

B Une orange pressée, s'il vous plaît.

C Un demi . . . et . . . qu'est-ce que vous avez comme sandwichs?

A Camembert, jambon, saucisson . . .

C Un sandwich au jambon s'il vous plaît. Et toi, tu en veux un?

B Non merci. Je n'ai pas faim.

D Er . . . j'ai envie d'une glace . . . Une glace à la fraise et un café s'il vous plaît.

◆

C . . . Tu es mariée Lucie?

D Oui. Mon mari est professeur au Lycée Racine.

C Vous avez des enfants?

D Oui. Nous en avons deux. Un garçon et une fille. Alexandre a huit ans et Sylvie a trois ans et demi. Et vous?

B Nous, on va se marier cet été, n'est-ce pas Jean?

C Oui, c'est prévu pour le 30 juin.

D C'est formidable! Félicitations!

◆

C Bon. Qu'est-ce qu'on va faire? Lucie, tu connais un endroit bien pour écouter de la musique?

D Er . . . pas vraiment. Pas par ici.

B Ça vous dit d'aller au cinéma?

D Ça m'est égal . . . On passe un bon film?

B Il y a ce film avec Jacques Hublot . . .

D Je l'ai déjà vu.

C C'est bien?

D Ce n'est pas mauvais. Mais il joue mal comme toujours.

PRACTICE

◆ **1** Transform the following sentences without changing the meaning, using **en**: e.g. **J'ai deux enfants – J'en ai deux.**

a) Vous voulez du vin?

b) Il n'a pas d'argent.

c) Je ne veux pas de lait.

d) Elle voudrait des enfants.

◆ **2** Answer the following questions with **en** using the cues given, e.g. **Vous avez des enfants? (oui/deux) – Oui, j'en ai deux.**

a) **Vous connaissez des français? (oui/beaucoup)**

b) **Vous allez acheter du fromage? (non)**

c) **Est-ce que vous avez vu des endroits pour danser? (oui/un)**

d) **Il y a du café? (oui)**

◆ **3** Translate

a) This summer, we are going to get married.

b) This cake is bad.

c) I know those French cars.

d) I really feel like a strawberry ice cream.

e) No thanks, I don't want any.

f) I have already eaten a sandwich.

LISTENING TASKS

◆ **1** Complete as much information as you can about Michelle.

Marital status	
Number and sex of children	
Children's ages	

◆ **2** Answer the questions about Paul and Béatrice.

a) **Quand est-ce qu'ils se sont mariés?**

b) **Est-ce que Béatrice est la première femme de Paul?**

c) **Qu'est-ce qu'ils vont avoir en juillet?**

◆ **3** Mark **vrai** (true) or **faux** (false) about Véronique and Thomas.

a) **Véronique va prendre une bière.**

b) **Ils vont Chez Michel.**

c) **Thomas n'aime pas manger Chez Michel.**

d) **Thomas ne connaît pas le restaurant Chez Michel.**

Je vous présente le Directeur du marketing
I'd like you to meet the Marketing Director

In Unit 14 we eavesdrop at a firm's drinks party and learn some basic business talk. People will introduce themselves and others, and talk about what they do in the firm. You will also hear plenty of polite expressions that will be useful when meeting friends away from the workplace.

MAIN EXPRESSIONS

Je voudrais prendre un rendez-vous.	I'd like to make an appointment.
Je m'appelle ...	My name is ...
le lundi 25	Monday 25th
dans l'après-midi	in the afternoon
Disons vers trois heures.	Let's say around 3 o'clock.
si possible	if possible
parfait	perfect, fine
A lundi.	See you on Monday.
Comment vous vous appelez?	What's your name?
chargé de	in charge of
Je vous le/la présente.	I'll introduce you to him/her.
Je vous présente François Adda.	I'd like you to meet François Adda.
Vous connaissez déjà ...	You already know ...
Vous avez déjà rencontré ...	You've already met ...
Enchanté.	Pleased to meet you.
Ça vous plaît Londres?	Do you like London?
énormément	very much, enormously
Merci de m'avoir invité.	Thank you for inviting me.
Je vous en prie.	Don't mention it.
Bon voyage!	Have a good trip!

Bonne chance!	Good luck!
Je suis désolé d'être en retard.	I'm sorry for being late.
Ne vous en faites pas.	Don't worry about it.
Ce n'est pas grave.	It's not important, It doesn't matter.
Je peux vous offrir quelque chose à boire?	May I offer you something to drink?
Vous pouvez venir dîner?	Can you come for dinner?
volontiers	with pleasure
Passez une bonne journée/ soirée.	Have a nice day/evening.
Et vous de même.	You too!
Je dois y aller.	I must be off.
J'ai été très heureux de vous rencontrer.	I was pleased to meet you.
J'ai passé une excellente journée/soirée.	I (have) had an excellent day/ evening.

VOCABULARY

le bureau	office	**le service de la production**	production department
le rendez-vous	appointment		
le directeur/ la directrice	manager	**le service des ventes**	sales department
le directeur adjoint	assistant manager	**la publicité**	publicity
		le marketing	marketing
le directeur des ventes	sales manager	**le service comptable**	the accounts department
le directeur du personnel	personnel manager	**la succursale**	branch
		le/la collègue	colleague
le PDG (Président directeur général)	chairman, managing director	**convenir**	to suit
		rencontrer	to meet
		travailler	to work
le jour	day	**s'occuper de**	to be in charge of

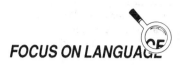

FOCUS ON LANGUAGE

◆ The conditional tense

The conditional tense corresponds to English verbs used with *would*. We have already come across it several times:

**Je voudrais louer une   I would like to hire a car.
   voiture.**

You will hear the conditional a lot in Unit 14, as it is frequently used in polite language to stop a request from sounding too forward:

Vous aimeriez quel jour?   Which day would you like?
Le lundi 25 me conviendrait. Monday 25th would suit me.

The endings of conditional verbs are as follows:

je voudrais	**nous voudrions**
tu voudrais	**vous voudriez**
il/elle voudrait	**ils/elles voudraient**

DIALOGUES

A **Delpha, bonjour.**

B **Bonjour. Est-ce que vous pouvez me passer le bureau de Madame Hommay?**

A **Un instant s'il vous plaît.**

C **Allô . . . Oui?**

B Bonjour. Je voudrais prendre rendez-vous avec Madame Hommay.

C Est-ce que je peux avoir votre nom?

B Je m'appelle de Muyser. Patrick de Muyser. Je suis Directeur des ventes chez Maninox.

C Vous aimeriez quel jour?

B Le lundi vingt-cinq me conviendrait. Dans l'après-midi si possible.

C Très bien. Disons vers trois heures.

B Parfait. A lundi alors.

C C'est ça. Au revoir Monsieur.

◆

A Vous avez déjà rencontré Patrick Marchand, n'est-ce pas?

B Er, non. Je ne crois pas.

A Ah. Je vous le présente alors ... Patrick, je vous présente François Adda. François travaille dans notre succursale à Londres.

C Enchanté.

B Bonsoir.

A Patrick s'occupe du marketing ici à Paris.

C Ça vous plaît Londres?

B Oui, énormément ...

◆

A Merci de m'avoir invitée.

B Je vous en prie.

◆

A   Bon voyage! Et bonne chance!

B   Merci.

◆

A   Je suis désolé d'être en retard.

B   Ne vous en faites pas. Ce n'est pas grave.

◆

A   Je peux vous offrir quelque chose à boire?

B   Merci. Je prendrai un Martini.

◆

A   Vous pouvez venir dîner vendredi soir?

B   Volontiers. Merci beaucoup.

◆

A   Passez une bonne soirée.

B   Et vous de même.

◆

A   Je dois y aller. J'ai été très heureux de vous rencontrer.
    J'ai passé une excellente soirée.

PRACTICE

◆ **1** Express the following phrases in a different way, using the cue words in brackets.

a) **Il est responsable de la comptabilité. (chargé/service comptable)**

b) **Quel est votre nom? (Comment)**

c) **Vous aimeriez quel jour? (convenir)**

d) **Je connais Monsieur Juste. (déjà/rencontrer)**

e) **Est-ce que vous aimez vivre à Genève? (plaît)**

f) **On m'a déjà présenté au Directeur. (rencontré)**

◆ **2** Match the remarks on the left with appropriate responses on the right.

a) **Ça vous plaît ici?**   1) **Disons vers 11 heures.**

b) **Je peux vous inviter à**   2) **Ne vous en faites pas.**
   déjeuner?

c) **Passez une bonne journée.**   3) **Et vous de même.**

d) **Quelle heure vous**   4) **Du service de**
   conviendrait?   **fabrication.**

e) **Vous vous occupez de quoi?**   5) **Merci d'être venu.**

f) **Vous travaillez ici depuis**   6) **Merci. Nous aussi.**
   longtemps?

g) **J'étais heureux de vous voir.**   7) **Depuis 3 ans.**

h) **Merci pour une excellente**   8) **Enormément!**
   soirée.

i) **Je suis désolé.**   9) **Volontiers!**

LISTENING TASKS

◆ **1** Complete as much information as you can.

Caller's name and job:

Caller wants to speak to (name and position):

Date and time of appointment:

Caller's number:

◆ **2** Link up the people with their jobs and details.

L'assistante de Mlle Vallec

Directrice du service des finances

Monsieur Pietro   Canadien

Madame Beaufort   S'occupe des ventes

Mademoiselle Vallec   Représentant à Québec

Travaille depuis l'été dernier

Chargé de l'administration et la distribution

Il faut faire demi-tour
You'll have to turn back

In Unit 15 we learn to ask and understand directions in
more detail. You will meet an important verb, **devoir**,
which is used to say what you *must* do, or to imagine what
must have happened.

MAIN EXPRESSIONS

Pour aller à . . ?	How do I get to . . ? Which is the way to . . ?
Voyons . . .	Let's see . . .
(Vous) allez tout droit.	(You) carry straight on.
sur votre droite	on your right
c'est-à-dire	that is to say
Ça (vous) prendra . . .	It'll take (you) . . .
C'est à dix minutes.	It's ten minutes away.
au coin	on the corner
suivez les panneaux	follow the signs
il fait beau	it's a nice day, the weather's good
il fait mauvais	it's an awful day, the weather's bad
C'est le bon chemin pour . . ?	Is this the right way for . . ?
Vous vous êtes trompés.	You're mistaken, You've gone wrong.
(Je suis) venu(e) de . . .	(I have) come from . . .
par là	that way, over there
par ici	this way, round here
il faut faire demi-tour	you have to turn round
j'ai dû *(+ infinitive)*	I must have . . , I had to . . .

je dois *(+ infinitive)*   I must
avoir soif   to be thirsty
Zut alors!   Damn it! What a nuisance!

VOCABULARY

jusqu'à	up to, until	**le rond-point**	roundabout
directement	straight, directly	**la route**	road
loin	far	**la mer**	sea
derrière	behind	**le panneau**	signpost
que	that, which, whom *(object)*	**le quartier**	quarter, area
qui	that, which, who *(subject)*	**le temps**	weather
		la carte	map
le feu (rouge)	traffic lights	**le demi-tour**	U-turn
le chemin	track, road	**le centre-ville**	town centre
le kilomètre	kilometre	**comprendre**	to understand
l'arbre *(m)*	tree	**continuer**	to continue
le bois	wood	**tourner**	to turn
le grand magasin	department store	**traverser**	to cross
l'église *(f)*	church	**se tromper**	to make a mistake
la plage	beach	**devoir**	to have to
le carrefour	crossroads	**lire**	to read
la forêt	forest	**mal comprendre**	to misunderstand
la maison	house	**superbe**	lovely, superb
la place	square	**affreux**	terrible
le parc	park	**épouvantable**	awful
le pont	bridge		

FOCUS ON LANGUAGE

◆ **1**   Relative pronouns – **qui** and **que**

Whether you are referring to a person or to a thing, the
relative pronouns (*who, whom, that* or *which* in English) are
qui and **que**.

Qui is used as the subject of the verb:

> **le chemin qui va au château**   the road that goes to the
>   chateau.

Que is used as the object of the verb:

> **le chemin que vous voulez**   the road that you want.

◆ **2**   The weather

A large number of 'weather' expressions use **il fait** (literally
"it makes").

Il fait bon.	It's a nice day.
Il fait beau.	It's a lovely day.
Il fait mauvais.	It's a terrible day.
Il fait un temps superbe.	The weather is superb, etc.

◆ **3**   *Must* and *must have*

The irregular verb **devoir** is used to say what you must do
or what you must have done.

Qu'est-ce que je dois faire maintenant?	What must I do now?
Tu dois partir.	You must go.
J'ai dû mal comprendre.	I must have misunderstood.
Il a dû oublier.	He must have forgotten.

Full conjugations are shown overleaf.

je dois	j'ai dû
tu dois	tu as dû
il/elle doit	il/elle a dû
nous devons	nous avons dû
vous devez	vous avez dû
ils/elles doivent	ils/elles ont dû

DIALOGUES

A Pardon Madame, pour aller au château s'il vous plaît?

B ... Voyons ... Vous allez tout droit jusqu'au feu et puis vous tournez à gauche. Après deux ou trois kilomètres vous verrez deux chemins ... sur votre droite. Le chemin que vous voulez – c'est-à-dire le chemin qui va directement au château – est celui qui est bordé d'arbres.

A C'est loin?

B Non. Ça vous prendra 10 minutes.

◆

A Bonjour Monsieur.

B Bonjour Madame. Il fait beau, n'est-ce pas?

A Oui le temps est superbe en ce moment. Dites-moi Monsieur, c'est le bon chemin pour la plage?

B Ah non, Madame. Vous vous êtes trompée. La plage n'est pas par ici.

A Oh! J'ai dû mal lire la carte.

B D'où est-ce que vous êtes venue?

A Je suis venue de Besançon.

B Ah, je vois. Vous avez tourné à droite au carrefour au lieu de tourner à gauche. La plage est par là.

A **Zut alors. Qu'est-ce que je dois faire maintenant?**

B **Il faut faire demi-tour Madame.**

PRACTICE

◆ **1** Change the following sentences to express the same meaning but with the cue words given.

a) **Où est l'église? (Pour)**

b) **Vous continuez jusqu'à l'église. (aller tout droit)**

c) **Il fait mauvais. (un temps affreux)**

d) **Est-ce que je dois faire un demi-tour? (faut)**

◆ **2** Express the following in French.

a) You want to know if you must turn left or right.

b) You carry straight on as far as the crossroads, you turn right and after two or three minutes you'll see the house on your left.

c) You've made a mistake.

d) You must have misunderstood.

LISTENING TASKS

◆ **1** Listen to people asking where things are or what direction to go. Look at the map on page 100, follow the directions and write the number of each place or direction in the correct spot on the map.

1 le château

2 le chemin pour Brieux

3 le café Etoile

4 le cinéma

5 la banque

6 une station-service

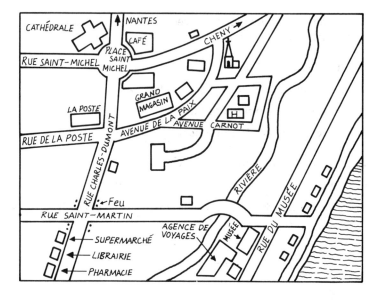

◆ **2** Listen to the dialogue and answer the questions.

1) **Où est-ce que la dame veut aller?**

2) **C'est le bon chemin?**

3) **Où est le garage Peugeot?**

4) **Qu'est-ce que la dame a fait?**

5) **Qu'est-ce qu'elle doit faire maintenant?**

6) **Est-ce que Vitry est loin?**

Vous avez passé une bonne journée?
Have you had a nice day?

This unit introduces an important new expression for saying what you've *just* been doing. We will learn some more varied ways of expressing likes and dislikes. *Et malheureusement il faut aussi dire au revoir . . .*

MAIN EXPRESSIONS

Vous avez passé une bonne journée?	Have you had a nice day?
C'était très bien.	It was very nice.
Je viens de visiter . . .	I have just visited . . .
ce genre de	this type of
moi aussi	me to
moi non plus	me neither
Je n'aime pas tellement . . .	I don't really like . . .
plus . . . que	more . . . than
de la même époque	from the same period
On s'en va.	We're going.
Dites au revoir.	Say goodbye. *(imperative)*
de notre part	on our behalf
Ça nous a fait plaisir de . . .	It gave us great pleasure to . . .
n'oubliez pas	don't forget
chez nous	at our place/house
un de ces jours	one of these days
Vous serez le (la/les) bienvenu(e/s).	You'll be welcome.
Allez!	Right then!
On y va?	Are we off?
A l'année prochaine!	See you next year!

VOCABULARY

la cathédrale	cathedral	**facile**	easy
le château	chateau	**difficile**	difficult
l'église *(f)*	church	**vieux (vieille)**	old
le jardin	garden	**bon (bonne)**	good
l'architecture *(f)*	architecture	**meilleur(e)**	better
		gentil(le)	kind
le genre	type	**agréable**	pleasant
le style	style	**(la) même**	(the) same
l'époque *(f)*	period	**délicieux**	delicious
le prix	price	**(-ieuse)**	
le dernier (la	the last	**en ville**	in town
dernière)		**épouvantable**	awful
le séjour	stay	**tout**	everything
l'espagnol *(m)*	Spanish	**tout le monde**	everyone
beau (belle)	beautiful	**adorer**	to love
splendide	splendid, lovely	**déjeuner**	to have lunch
magnifique	magnificent,	**s'en aller**	to go away, to
	wonderful		be off
moderne	modern	**passer**	to spend (time)

FOCUS ON LANGUAGE

◆ **1   je viens de . . .** – I've just . . .

The verb **venir** is used in this very common construction to talk about what we've *just* done. It is followed by **de** plus the second verb, always in the infinitive:

> **Je viens de voir Michel.**   I've just seen Michel.
> **Tu viens de voir Michel.**   You've just, etc.
> **Il/elle vient de voir Michel.**

Nous venons de voir Michel.
Vous venez de voir Michel.
Ils/elles viennent de voir Michel.

◆ **2** Comparisons using **que**

We met comparative adjectives in Unit 9. Add the word **que** to the sentence if you want to introduce an idea of "than":

Le château est plus beau que la cathédrale.	The chateau is more beautiful than the cathedral.

Note that **bon** (good) has an irregular comparative form: **meilleur** (better).

Ce restaurant est meilleur que l'autre.	This restaurant is better than the other one.

◆ **3 On s'en va!**

– an idiomatic expression, though probably no odder than its English equivalent: *we're off!* **S'en aller** is very commonly heard when people are saying goodbye.

je m'en vais	I'm going, I'm off
tu t'en vas	you're going, etc.
il/elle/on s'en va	
nous nous en allons	
vous vous en allez	
ils/elles s'en vont	

DIALOGUES

A Alors, vous avez passé une bonne journée?

B Oh oui, c'était très bien.

A Qu'est-ce que vous avez fait?

B Je viens de visiter la cathédrale. C'était magnifique. J'adore ce genre d'architecture.

A Moi aussi.

B Je n'aime pas tellement le style moderne.

A Moi non plus. Il y a un château de la même époque avec un jardin splendide. Vous l'avez vu?

B Non.

A Je trouve qu'il est encore plus beau que la cathédrale.

◆

A Vous partez?

B Oui. On s'en va. Ecoutez, merci pour tout.

C Oui, vous avez été si gentils. On a passé un séjour très agréable. Dites au revoir et un grand merci à tout le monde de notre part.

A D'accord. Ça nous a fait plaisir de vous voir.

D Et n'oubliez pas de passer chez nous un de ces jours! Vous serez toujours les bienvenus!

A Merci.

B Allez, on y va? Au revoir.

A Au revoir. Et à l'année prochaine peut-être.

PRACTICE

◆ **1** From the picture cues, make comparative sentences for each.

j'ai 81 ans   *j'ai 78 ans*

vieux

a) **Le monsieur . . . que sa femme.**

Renault   *Peugeot*

chère

b) **La Renault . . .**

grande

c) **La maison à gauche . . .**

Jérôme   Paul

beau

d) **Jérôme . . .**

◆ **2** What questions or statements would produce these
responses? Use the cues in brackets.

a) **Oui. C'était très bien. (passer/bonne soirée?)**

b) **Nous venons de déjeuner chez Pauline. (Qu'est-ce que . . ?)**

c) **Moi aussi. (adorer/la France)**

d) **Moi non plus. (ne pas aimer/château)**

e) **Non. Ils ont le même âge. (Michel/vieux/Pascal?)**

f) **Ça nous a fait plaisir de vous voir. (Merci/inviter)**

◆ **3** Express the following in French.

a) Tell your host you have spent a very pleasant day.

b) Tell your host to say hello to his wife for you.

c) Tell you host not to forget to call in to see you sometime.

d) Tell your host that maybe you will see him next year.

LISTENING TASKS

◆ **1** Answer the questions.

Michel	**Qu'est-ce qu'il a fait. Est-ce qu'il a aimé?**
Pierre	**Qu'est-ce qu'il a fait ? Qu'est-ce qu'il a vu?**
Brigitte	**Pourquoi est-ce qu'elle prend le train?**
Françoise	**Qu'est-ce qu'elle a fait ? Elle a aimé.**
Martin	**Qu'est-ce qu'il pense du français?**
Paul	**Qu'est-ce qu'il va prendre? Pourquoi?**

◆ **2** Mark the best interpretations.

a) **Jean et Marthe ont passé la journée chez Marie-Anne.**

b) **Jean et Marthe ont passé plus d'une journée chez Marie-Anne.**

c) **Leur séjour était agréable.**

d) **Leur séjour n'était pas agréable.**

e) **Marie-Anne va voir Jean et Marthe chez eux.**

f) **Marie-Anne ne va pas voir Jean et Marthe chez eux.**

g) **Marthe aime beaucoup conduire.**

h) **Marie-Anne n'aime pas conduire.**

i) **Ils ne vont pas se revoir avant l'année prochaine.**

Answers to exercises

UNIT 1

PRACTICE

1 a) A quelle heure part le train pour Nice?
   b) Où est la gare?
   c) Où sont les bus?
   d) La banque est en face de la sortie.
   e) La gare routière est là-bas.
   f) Le train pour Nice part à six heures.

2 a) Où est la gare routière?
   b) A quelle heure part le train pour Lille?
   c) L'avion part à dix heures.
   d) La banque est là-bas, à gauche.
   e) Où sont les taxis?

LISTENING TASKS

1 Il part à 4 heures. Quai numéro 12.
2 La sortie. En face de la banque.
3 *Destination:* Nantes.
   Time: 9h10.
   Platform: 4.
   Change at: Tours.
4 *She gets off:* descendre (*b*).

UNIT 2

PRACTICE

1 a) Je cherche un hôtel pour ce soir.
   b) Pour combien de nuits?
   c) Je cherche une chambre pour deux personnes.
   d) Est-ce que vous avez une chambre pour quatre nuits?
   e) Une chambre à deux lits avec salle de bains.
   f) Est-ce que le petit déjeuner est compris?

2 a) Est-ce que vous avez une chambre pour deux nuits?
   b) Il y a une chambre avec deux lits.
   c) Nous sommes quatre.

3 *For example:*
   A Je cherche un hôtel pour ce soir.
   B Pour combien de nuits?
   A Pour trois nuits.

   C Est-ce que vous avez une chambre?
   D Avec un grand lit?
   C A deux lits.

   E Est-ce que le petit déjeuner est compris?
   F Non Madame.
   E Est-ce qu'il y a un restaurant?
   F Oui Madame.
   E C'est combien la chambre?
   F C'est deux cent soixante francs par personne.

LISTENING TASKS

1 *Number of people:* 2.
   Facilities: salle de bains, ascenseur et parking.
   Approximate price: 400 francs la chambre.
   How many nights? 2.

2 a) faux b) vrai c) faux d) faux

3 a) 480 francs b) 290 francs c) non d) oui

UNIT 3

PRACTICE

1

    A   Bonjour Madame. Comment allez-vous?
    B   Ça va merci. Et vous?
    A   Ça va.
    B   Je vous présente mon mari, John. Il est anglais.
    A   Bonjour Monsieur.

2 a) Vous êtes de Paris?
    b) Vous êtes en vacances?
    c) Vous êtes ici depuis longtemps?
    d) Vous êtes étudiant?

3 a) Je suis ici depuis deux jours.
    b) Il est en vacances depuis dimanche.
    c) Nous sommes ici en voyage d'affaires depuis deux semaines.

LISTENING TASKS

1 *David:* de Londres
    Margaret: d'Edimbourg
    Armelle: de Paris (parisienne)
    Armelle's family: de Genève
    David & Margaret: en vacances

2 a) Vrai.
    b) Faux. Ils sont de Hemel Hemstead.
    c) Faux. Il est de Bruxelles.
    d) Faux. Il est en vacances avec sa femme.
    e) Vrai.
    f) Faux. Ils sont à Lyon depuis lundi.

UNIT 4

PRACTICE

1 a) Je vais visiter le château.
   b) A neuf heures dix.
   c) Oui. Avec Jean-Paul.
   d) Je vais le chercher dans cinq minutes.
   e) Il est derrière l'église.

2 a) L'église est en face de la banque.
   b) Le musée est à côté du garage.
   c) La gare est derrière le cinéma.

3 *For example:* Tu peux nous montrer où est le garage? – Oui, il est là-bas. En face de la banque.

LISTENING TASKS

Lucie va au garage. Pierre va au cinéma avec Lucie. Christian va chercher Marie-Claire.

Film: Cyrano de Bergerac.
Starts: 6.20
Cinema: Gaumont 2.
Location: A côté de la poste.
Film finishes: 9.00
Meeting place: Devant le cinéma.

UNIT 5

PRACTICE

1 a) Vous êtes arrivés quand?
   b) Vous êtes allé en vélo?
   c) Où sont-ils?
   d) On va où demain soir?
   e) Est-ce qu'il a fait beau?

2 Monsieur Gérard est allé en vacances au printemps l'année
   dernière. Il a voyagé en Suisse et en France en voiture. Il a fait
   chaud en France, mais en Suisse il a plu. En Suisse il a passé
   quatre jours à la montagne. En hiver il est allé au Maroc.

3 a) Frank a passé deux semaines à la montagne.
   b) Jeannette a passé trois jours à la campagne.
   c) L'été dernier on est allé en Espagne.
   d) Hier George a regardé la télévision et Marie est allée au
      bureau.

LISTENING TASKS

1 *Antoine – spent holiday in:* Tunisie.
   Arrived: 11 heures hier soir.
   Transport: en voiture et en bateau
   Stephane – spent holiday in: Le Midi.
   Holiday period: le mois de juillet.
   Weather: très beau.

2 a) Elle est allée en Italie en avion.
   b) Il a visité le château de Versailles il y a trois jours.
   c) Ils ont joué au tennis.
   d) Elle a pris le car (= *coach*) et Michel est allé à vélo.
   e) Elle est arrivée vendredi dernier.
   f) Ils ont passé dix jours à la montagne.

The pictures match with the speakers as follows:
1 – (c), 2 – (d), 3 – (a), 4 – (e), 5 – (b), 6 – (f).

UNIT 6

PRACTICE

1. a) Est-ce que vous avez un peu de fromage?
   b) Je voudrais huit tranches de jambon.
   c) Est-ce que vous avez un demi-kilo de fraises?
   d) Je voudrais du pàté.
   e) Est-ce que vous avez de la bière?
   f) Je voudrais un peu de ça.

2. a) Est-ce que vous avez de l'eau minérale?
   b) Qu'est-ce que vous avez comme bière?
   c) Des pastèques? Oui, je vais prendre celle-ci.
   d) Vous avez des belles pommes! C'est combien le kilo?
   e) Quarante francs? C'est un peu cher. Vous avez moins cher?

3. *For example:* Je voudrais de l'eau minérale. C'est combien la bouteille?

LISTENING TASKS

1. fromage (gruyère, 250 grammes), jambon (5/6 tranches), eau minérale

2. a) Est-ce que vous avez des champignons?
   b) Je voudrais du pâté et des oeufs.
   c) Je suis allé au marché. J'ai acheté des pommes, des pêches et un melon.
   d) Je suis désolée, je n'ai pas de fraises mais il y a des belles cerises.
   e) Non. Je n'aime pas celui-ci. Il est trop petit. Vous avez plus grand? Celui-là par exemple?

UNIT 7

PRACTICE

1 a)
> A Je voudrais parler à Madame Chausson, s'il vous plaît.
> B C'est de la part de qui?
> A C'est Jean-Paul Lemarié.
> B Ne quittez pas. Je vous la passe.

> b)
> B Je regrette, Madame Chausson n'est pas disponible.
> A Vous pouvez me passer Monsieur Julliot alors?
> B Son poste est occupé.
> A Ah, est-ce que je peux laisser un message?

2 a) A quelle heure est-ce que je peux rappeler?
> b) Je peux téléphoner d'ici?
> c) Vous pouvez me passer Philippe, s'il vous plaît.
> d) Je voudrais parler à Mr Wilson au sujet de l'annonce.
> e) Est-ce que vous pouvez me donner le numéro de British Airways?

3 a) trois cent quatre-vingt-neuf – vingt-deux – dix
> b) deux cent cinquante-deux – dix-neuf – zéro zéro
> c) quarante-trois – douze – quatre-vingt-sept – quarante-quatre

LISTENING TASKS

1 a) 24 42 19 11
> b) 010 33 88 35 62 06
> c) 349 92 71

2 *Name of Company:* Société Jouassain
Caller: Jacques Berry
Person required by caller: Madame Schaeffer
Problem: le poste de Madame Schaeffer est occupé
Alternative person required by caller: Madame Benoît
Problem: elle n'est pas là
Message: Jacques Berry a téléphoné. Madame Benoît peut rappeler après 6 heures ce soir au 45 67 19 22.

UNIT 8

PRACTICE

1 a) Je voudrais réserver une table.
  b) Je prendrai le steak-frites s'il vous plaît.
  c) Vous avez une table près de la fenêtre?
  d) Mon steak n'est pas cuit!
  e) Je suis désolé, il n'y a plus de canard.
  f) Qu'est-ce que vous me conseillez?

2 a) L'addition s'il vous plaît.
  b) Je prendrai le menu à cent quatre-vingt-neuf francs.
  c) Qu'est-ce que vous avez comme vins?
  d) C'est quoi le plat du jour.
  e) Il n'y a plus de saumon.
  f) Je vais commencer avec le poulet.
  g) Je voudrais réserver une table pour deux personnes vendredi soir à huit heures trente.

4 *For example:*
  A C'est comment le poulet du chef?
  B C'est un poulet rôti avec des tomates.
  A Est-ce que vous avez du jus de pomme?

LISTENING TASKS

1 *When does he want the table?* 9.30
  For how many? 5
  Table free at 10.00
  Name Schwartzentruber

2 *MAN*
  Starter – terrine
  Main course wanted – du foie de veau
  Main course ordered – filet (à point) avec haricots verts
  WOMAN
  Starter – assiette de crudités
  Main course ordered – rouget avec des petites pommes vapeur

UNIT 9

PRACTICE

1 a) Je voudrais une veste marron en laine.
 b) Il me faut un pantalon jaune en coton.
 c) Je voudrais une jupe noire en cuir.
 d) Vous l'avez en taille plus petite, en rouge?
 e) C'est trop long. Vous l'avez en plus court?

2 a) Je peux les essayer?
 b) Il me faut une plus grande taille.
 c) Ça fait combien?
 d) Je voudrais trois timbres à un franc cinquante.
 e) Je peux les échanger?

LISTENING TASKS

1   un pantalon (pour l'été – en coton – beige ou bleu – 40)
 une chemise (manches courtes – 39)

2.1 *They will go to:* la boulangerie, la pâtisserie, l'épicerie et le tabac.

2.2 la robe rouge: un peu grande / la robe bleue: plus chère – très jolie

UNIT 10

PRACTICE

1 a) Vous voulez faire du ski? – Vous êtes gentil mais je n'aime
      pas tellement le ski.
   b) Moi, je fais du ski tous les ans à Pâques.
   c) Jean-Paul va souvent au cinéma mais il ne va jamais au
      théâtre. Il n'aime pas ça!
   d) Tous les dimanches, Marie-Anne va à l'église.
   e) Quand j'étais jeune, je jouais beaucoup aux échecs.
   f) Quand il avait seize ans, il n'aimait pas tellement la
      musique classique.

2 a) Tu veux sortir ce soir?
   b) Vous êtes gentil, mais je n'aime pas tellement la musique
      classique.
   c) Je n'ai jamais fumé.
   d) Est-ce que vous venez souvent ici?
   e) Il y a un an je faisais une promenade tous les jours.

3 *For example:*
   a) Tu veux faire de l'équitation? – Non merci, je n'aime pas
      tellement l'équitation.
   b) Est-ce que tu vas souvent au théâtre?
   c) Vous n'avez jamais fait de la voile?
   d) Si, quand j'étais au Portugal, je faisais souvent de la voile.

LISTENING TASKS

1 *Christine – dislikes*: le cinéma, danser. *Fanny – likes:* danser

2 *Françoise: (used to)* elle ne fumait jamais; *(now)* elle fume
      beaucoup
   Michel: (used to) il habitait en Suisse; *(when?)* quand il avait 8 ou
      9 ans; *(now)* il travaille en Belgique
   Paul: (used to) il sortait souvent le soir; *(when?)* avant son
      mariage
   Charlotte: (used to) elle allait tous les dimanches à l'église;
      (when?) il y a trois ans
   Jean et Isabelle: (used to) ils faisaient du ski ou des promenades à
      la montagne; *(when?)* quand ils avaient les enfants.

UNIT 11

PRACTICE

1 a) Je voudrais changer de l'argent. Quel est le cours du franc suisse?
  b) Je voudrais téléphoner et j'ai seulement un billet de 50 francs. Vous avez de la monnaie?
  c) Je voudrais louer une voiture pour la journée.
  d) Le plein s'il vous plaît. Et est-ce que vous pouvez vérifier l'huile?
  e) La batterie est à plat et la voiture ne démarre plus.
  f) Est-ce qu'il y a un garage près d'ici? Je suis en panne.
  g) Les freins ne marchent pas.
  h) Est-ce que vous pouvez me donner un coup de main?

2 a) En billets de cent francs.
  b) Vous pouvez me donner un coup de main?
  c) Est-ce que je peux payer par chèque?
  d) Est-ce que la station-service est loin?
  e) L'embrayage ne marche plus. Vous pouvez me remorquer?
  f) Je voudrais louer une voiture. Qu'est-ce que vous avez comme modèles?

LISTENING TASK

1 veut changer £72.
2 veut quatre billets de 100 francs et le reste en billets de 50 francs.
3 n'a pas de passeport mais il a son permis de conduire.
4 veut louer une voiture pour quatre jours – un petit modèle. *(He will return it in Bordeaux).*
5 est en panne d'essence. *(She wants to be driven to a petrol station).*
6 a un pneu crevé.
7 veut 200 francs de super. *(She also wants the oil checked).*

UNIT 12

PRACTICE

1 a) Je vous conseille de vous coucher pendant une semaine.
   b) Il ne faut pas manger pendant 24 heures.
   c) J'ai mal à l'estomac depuis vendredi.
   d) Vous pouvez me donner quelque chose pour la gorge.

2 a) Je tousse depuis cinq jours. Vous pouvez me donner quelque chose?
   b) Je n'ai pas de fièvre.
   c) Vous pouvez me donner une ordonnance?
   d) Est-ce qu'il faut voir le médecin?

3 *For example:*
   J'ai mal à l'estomac depuis une semaine.
   Vous avez la diarrhée?
   Vous pouvez me donner quelque chose?
   Il faut en prendre deux.
   Je vous conseille de vous coucher pendant quelques jours.
   Je me suis brûlé le doigt.

LISTENING TASKS

1 *A* Je peux vous aider Madame?
   B Oui Monsieur, merci. C'est à propos de ma fille. Elle n'est pas bien du tout.
   A Qu'est-ce qu'elle a?
   B Elle a mal au coeur depuis deux jours et elle vomit. Elle n'a pas faim du tout.
   A Il y a d'autres symptômes?
   B Elle a mal à la tête et à la gorge et elle tousse un peu. Vous pouvez me donner quelque chose pour elle?

2 Dialogue 1: *Picture B*
   Dialogue 2: *Picture F*
   Dialogue 3: *Picture G*
   Dialogue 4: *Picture C*
   Dialogue 5: *Picture A*
   Dialogue 6: *Picture D*
   Dialogue 7: *Picture E*

UNIT 13

PRACTICE

1 a) Vous en voulez?
  b) Il n'en a pas.
  c) Je n'en veux pas.
  d) Elle en voudrait.

2 a) Oui, j'en connais beaucoup.
  b) Non, je ne vais pas en acheter.
  c) Oui, j'en ai vu un.
  d) Oui, il y en a.

3 a) On va se marier cet été.
  b) Ce gâteau est mauvais.
  c) Je connais ces voitures françaises.
  d) J'ai envie d'une glace à la fraise.
  e) Non merci, je n'en veux pas.
  f) J'ai déjà mangé un sandwich.

LISTENING TASKS

1 *Marital status:* divorcée
  Number and sex of children: trois enfants; deux filles et un
      garçon
  Children's ages: 14, 10½ et 4

2 a) il y a presque 5 ans
  b) non
  c) un bébé

3 a) faux
  b) faux
  c) vrai
  d) faux

UNIT 14

PRACTICE

1 a) Il est chargé du service comptable.
  b) Comment vous vous appelez?
  c) Quel jour vous conviendrait?
  d) J'ai déjà rencontré Monsieur Juste.
  e) Ça vous plaît Genève?
  f) J'ai déjà rencontré le Directeur.

2 a) Ça vous plaît ici? – Enormément!
  b) Je peux vous inviter à déjeuner? – Volontiers!
  c) Passez une bonne journée. – Et vous de même.
  d) Quelle heure vous conviendrait? – Disons vers 11 heures.
  e) Vous vous occupez de quoi? – Du service de fabrication.
  f) Vous travaillez ici depuis longtemps? – Depuis 3 ans.
  g) J'étais heureux de vous voir. – Merci. Nous aussi.
  h) Merci pour une excellente soirée. – Merci d'être venu.
  i) Je suis désolé. – Ne vous en faites pas.

LISTENING TASKS

1 *Caller's name and job:* Denis Legrand. Représentant chez
    Renault.
  Caller wants to speak to (name and position): Charles Fenton,
    Directeur du personnel.
  Date and time of appointment: Jeudi 13 mai à 10h30.
  Caller's number: 13 24 27 07.

2 *Monsieur Pietro:* représentant à Québec; s'occupe des ventes;
    chargé de l'administration et de la distribution; Canadien.
  Madame Beaufort: assistante de Mademoiselle Vallec; travaille
    depuis l'été dernier.
  Mademoiselle Vallec: directrice du service des finances.

UNIT 15

PRACTICE

1 a) Pour aller à l'église?
   b) Vous allez tout droit jusqu'à l'église.
   c) Il fait un temps affreux.
   d) Est-ce qu'il faut faire demi-tour?

2 a) Est-ce que je dois tourner à droite ou à gauche?
   b) Vous allez tout droit jusqu'au carrefour, vous tournez à
       droite et après deux ou trois minutes vous verrez la maison
       sur votre gauche.
   c) Vous vous êtes trompé.
   d) Vous avez dû mal comprendre.

LISTENING TASKS

1

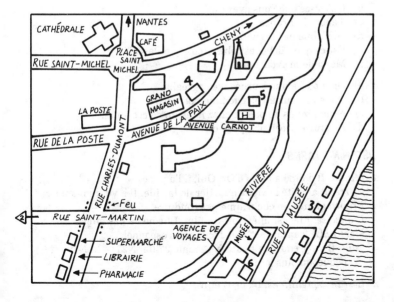

2 *(1)* Elle veut aller à Vitry
   (2) Non. Elle s'est trompée.
   (3) C'est au grand carrefour.
   (4) Elle a dû tourner à droite au grand carrefour.
   (5) Elle doit faire demi-tour, sortir de la ville et tourner à droite au carrefour.
   (6) C'est à vingt minutes.

UNIT 16

PRACTICE

1 a) Le monsieur est plus vieux que sa femme.
   b) La Renault est plus chère que la Peugeot.
   c) La maison à gauche est plus grande que la maison à droite.
   d) Jérôme est plus beau que Paul.

2 a) Vous avez passé une bonne soirée?
   b) Qu'est-ce que vous avez fait?
   c) J'adore la France.
   d) Je n'aime pas le château.
   e) Est-ce que Michel est plus vieux que Pascal?
   f) Merci de m'avoir invité.

3 a) On a passé une journée très agréable.
   b) Dites bonjour à votre femme notre part.
   c) N'oubliez pas de passer chez nous un de ces jours.
   d) A l'année prochaine peut-être.

LISTENING TASKS

1 *Michel:* Il a dîné au Coq d'Or. Oui, il l'a aimé.
   Pierre: Il a visité le vieux quartier de la ville. Il a vu un manoir.
   Brigitte: Parce qu'elle n'aime pas conduire.
   Françoise: Elle est allée voir un film. Elle ne l'a pas aimé.
   Martin: Le français est plus facile que l'espagnol.
   Paul: Il va prendre la Route Nationale 27 (la N27) – la N15 est beaucoup plus loin.

2 *Best interpretations:* b), c), f) et h).

Transcript of Listening Tasks

UNIT 1

1 *A*   S'il vous plaît Monsieur.
  B   Oui?
  A   Il part quand le train pour Toulouse?
  B   Pour Toulouse? Voyons . . . oui. Il part à 4 heures.
  A   Quel quai?
  B   Quai numéro 12.
  A   Merci bien.
  B   De rien.

2 *A*   Pardon Madame. Je suis perdu. C'est où la sortie?
  B   La sortie? Tenez, c'est là-bas.
  A   . . . Où là-bas?
  B   Là-bas . . . en face de la banque.
  A   Ah, d'accord. Merci beaucoup.

3 *A*   Il part d'où le train pour Nantes?
  B   Celui de 9h10?
  A   Oui, c'est ça.
  B   Il part du quai numéro 4.
  A   Il est direct?
  B   Non. Il faut changer à Tours.
  A   Très bien. Merci.

4 *A*   Je fais comment pour aller au Musée d'Orsay?
  B   Il faut descendre à Solférino.

UNIT 2

1 *A*   Je cherche un hôtel pour moi et ma femme.
  B   Quelle catégorie d'hôtel? Deux étoiles? Trois étoiles?
  A   Oh, je ne sais pas. Pas trop cher. Dans les 400 francs la chambre, par exemple.

   B   D'accord. Avec salle de bains j'imagine?
   A   Oui c'est ça. Et avec ascenseur s'il vous plaît. Et parking.
   B   Et pour combien de nuits?
   A   Pour deux nuits.
   B   Très bien. Voyons . . .

2 *A*   Est-ce que vous avez une chambre pour ce soir?
   B   Ça dépend Madame. Quelle genre de chambre voulez-vous?
   A   Une chambre pour une personne, avec salle de bains.
   B   Pour une seule nuit?
   A   Eh bien . . . je ne suis pas sûre. Pour ce soir et demain - deux nuits je pense.
   B   Nous avons une chambre pour ce soir mais demain nous sommes complets. Je suis désolée.

3 *A*   Très bien. C'est combien?
   B   Attendez . . . La chambre avec grand lit et salle de bains est 480 francs et les chambres pour une personne sont 290 francs chacune.
   A   Petit déjeuner compris?
   B   Non. Le petit déjeuner est 20 francs par personne.
   A   Et est-ce qu'il y a un restaurant?
   B   Oui bien sûr.
   A   Parfait. Nous prenons les chambres alors.

UNIT 3

1 *A*   Tiens ! Armelle ! Bonjour. Ça va?
   B   Bonjour Bruno. Ça va merci, et toi?
   A   Ça va bien. Tu as un moment? Je t'ai souvent parlé de mes amis britanniques, David et Margaret. Je te les présente . . . C'est mon amie Armelle.
   B   Bonjour.
C &D   Bonjour.
   B   Vous êtes anglais tous les deux?
   C   Non . . . Enfin, moi, je suis anglais de Londres. Et Margaret est écossaise. Elle est d'Edimbourg.
   D   Vous êtes d'ici, Armelle?
   B   Non je suis parisienne. Mais ma famille est de Genève. Je suis étudiante ici. Et vous David?
   C   Nous sommes en vacances.

2 A   Bonjour Monsieur. Bonjour Madame.

B   Bonjour Monsieur.

C   Bonjour. Comment allez-vous?

A   Ça va merci. Et vous même?

C   Ça va bien, merci.

A   Vous êtes anglais, n'est-ce pas?

B   Oui, c'est ça. Nous sommes de Hemel Hempstead, au nord de Londres. Et vous? Vous êtes de Lyon?

A   Ah non ! Je suis belge moi. Je suis de Bruxelles.

B   Ah bon ! Et qu'est-ce que vous faites ici à Lyon?

A   Je suis en vacances avec ma femme. Un de mes enfants est étudiant ici. Et vous?

C   Nous sommes en vacances aussi.

A   Depuis longtemps?

C   Non, depuis lundi seulement.

A   Et ça vous plaît Lyon?

B   Ah oui, beaucoup.

UNIT 4

A   Qu'est-ce que tu vas faire ce soir Pierre?

B   Lucie et moi, nous allons voir Cyrano de Bergerac.

C   Oui mais avant ça, rappelle-toi, je vais au garage.

A   Il commence à quelle heure, le film?

B   A six heures vingt.

C   Au Gaumont Deux.

A   C'est où ça?

B   A côté de la poste. Tu peux venir Christian?

A   Non. Je ne peux pas.

B   Qu'est-ce que tu vas faire alors?

A   Je crois que je vais chercher Marie-Claire. Elle est ici depuis une semaine . . . A quelle heure vous sortez du cinéma?

C   Vers neuf heures. Pourquoi?

A   On vous verra devant le cinéma à neuf heures. D'accord?

UNIT 5

1 *A* Bonjour Antoine.
  B Stéphane, salut!
  A Ça s'est bien passé les vacances en Tunisie?
  B Très bien!
  A Tu es arrivé quand?
  B Hier soir vers 11 heures.
  A Vous y êtes allés en avion?
  B On est allé en voiture et on a pris le bateau. Et toi?
  A Eh bien, tu sais, on a passé le mois de juillet dans le Midi avec les enfants.
  B Il a fait beau?
  A Oui. Très, très beau.

2 *A* Moi? Je suis allée en Italie en avion. – Où est-ce qu'elle est allée et comment?
  B Oui, j'ai visité le château de Versailles . . . il y a . . . er . . . trois jours. – Quand est-ce qu'il a visité le château?
  C Hier? On a joué au tennis. – Qu'est-ce qu'elles ont fait hier?
  D J'ai pris le car et Michel est allé en vélo. – Ils sont allés comment?
  E Je suis arrivé à Lyon vendredi dernier. – Elle est arrivée quand?
  F On a passé dix jours à la montagne. – Qu'est-ce qu'ils ont fait?

UNIT 6

1 *A* Bonjour Monsieur.
  B Bonjour Madame.
  A Je peux vous aider?
  B Oui. Voyons . . . Vous avez du fromage?
  A Bien sûr. Qu'est-ce que vous voulez comme fromage?
  B Du gruyère s'il vous plaît . . . environ 250 grammes.
  A Ça vous va comme ça?
  B Un peu plus grand s'il vous plaît . . . Et du jambon . . . disons cinq . . . non, six tranches. Et qu'est-ce que vous avez comme eau minérale?
  A Oh, un peu de tout: Perrier, Vittel, Evian, Contrex . . .
  B Contrex . . . C'est combien la bouteille?

A   3.40 francs.

B   Je vais prendre 4 bouteilles alors.

2 A   Est-ce que vous avez des champignons?

B   Je voudrais du pâté et des oeufs.

C   Je suis allé au marché. J'ai acheté des pommes, des pêches et un melon.

D   Je suis désolée, je n'ai pas de fraises mais il y a des belles cerises.

E   Non je n'aime pas celui-ci. Il est trop petit. Vous avez plus grand? Celui-là par exemple.

UNIT 7

1 A   24 42 19 11

  B   010 33 88 35 62 06

  C   349 92 71

2 A   Société Jouassain. Bonjour.

B   Bonjour Madame. Je voudrais parler à Madame Schaeffer s'il vous plaît.

A   C'est de la part de qui?

B   Er . . . c'est Jacques Berry à l'appareil, un ami.

A   Ne quittez pas . . . Je regrette mais son poste est occupé. Vous voulez patienter?

B   Er . . . non. Vous pouvez me passer Madame Benoît?

F   Un instant s'il vous plaît . . . Non, je suis désolée mais Madame Benoît n'est pas là. Elle est en réunion.

B   Ah bon . . . Ecoutez, quand est-ce que je peux rappeler?

A   Je ne suis pas sûre. Vous voulez laisser un message peut-être?

B   D'accord. Dites-lui que Jacques Berry a téléphoné et qu'elle peut me rappeler après 6 heures ce soir au 45 67 19 22.

A   Très bien Monsieur.

B   Vous êtes gentille. Merci.

A   Je vous en prie . . .

UNIT 8

1 *A* Le Relais du Chef, bonsoir.
   B Bonsoir . . . Er . . . vous avez une table pour ce soir?
   A Er . . . ça dépend . . . A quelle heure?
   B Je voudrais une table vers 9h30.
   A Pour combien de personnes?
   B Pour cinq personnes, peut-être six.
   A Je suis désolé Madame mais je n'ai rien avant 10 heures.
   B Er . . . Bon d'accord. Ça va.
   A C'est à quel nom?
   B Schwartzentruber.
   A Er . . . est-ce que vous pouvez l'épeler?
   A Bien sûr. S-c-h-w-a-r-t-z-e-n-t-r-u-b-e-r.
   B C'est bon. Alors, une table pour six personnes ce soir à 10 heures.
   A C'est ça. Merci. A ce soir!

2 *A* Alors, qu'est-ce que tu prends?
   B Je ne sais pas. Je n'ai pas tellement faim. C'est quoi l'entrecôte à la provençale?
   A Aucune idée. On va demander . . .
   C Alors messieurs-dames vous avez choisi? Pour commencer?
   A Oui . . . voyons . . . La terrine pour moi.
   B Et moi je prendrai l'assiette de crudités.
   C Et comme viande Madame?
   B C'est comment l'entrecôte à la provençale?
   C C'est une entrecôte garnie de poivrons et de petits oignons à la tomate.
   B Er . . . Non . . . Je vais plutôt prendre le rouget. Vous le servez avec quoi?
   C Avec des petites pommes vapeur.
   B Oui d'accord. Je vais prendre ça.
   C Et pour Monsieur?
   A Vous avez du foie de veau?
   C Non Monsieur. Je n'ai plus de foie.
   A Bon. Alors, je prendrai le filet . . . à point, s'il vous plaît.
   C Et comme légumes?
   A Qu'est-ce que vous recommandez aujourd'hui?
   C Nous avons des haricots verts du potager. Ils sont délicieux.

A   Très bien. Et comme boisson . . . Est-ce que je peux voir la
    carte des vins? Et deux bières pour commencer s'il vous plaît.
B   Et une bouteille d'Evian.

UNIT 9

1 A   Er . . . Je cherche un pantalon léger pour l'été et une chemise
       sport pour aller avec.
   B   Oui Monsieur. Un pantalon en coton je suppose?
   A   Oui - beige . . . ou bleu peut-être.
   B   Très bien. Quelle taille il vous faut? 42?
   A   40 je crois.
   B   Bon . . . alors, celui-ci peut-être, ou celui-là?
   A   Je peux les essayer?
   B   Bien sûr. Pendant ce temps je vais sortir des chemises. Vous
       voulez manches longues ou manches courtes?
   A   Manches courtes.
   B   Et votre tour de cou?
   A   Er . . . 39 je crois.

2 A   Bon, on va acheter du pain? Et puis on va prendre des
       gâteaux pour les enfants.
   B   D'accord, mais on va d'abord acheter le lait et le fromage, et il
       me faut des cigarettes.
   C   Regarde la robe rouge. Tu crois qu'elle est un peu grande?
   D   Oui un peu. Il te faut une taille plus petite . . . Je préfère la
       bleue. Elle est plus chère mais elle est très jolie.

UNIT 10

1 A   Alors, qu'est-ce qu'on va faire? Christine, tu veux voir un film?
   B   Er . . . non merci. je n'aime pas tellement le cinéma . . .
   A   Et toi Fanny? Ça te dit?
   C   Moi non plus . . . Je ne vais pas souvent au cinéma . . .
   A   Bon . . . alors . . . tu veux aller danser peut-être?
   C   Ah oui. Je vais souvent en boîte chez moi. J'adore danser!
       Christine, tu viens?

B   Tu es gentille mais je ne vais jamais en boîte. Il y a trop de
    bruit. Mais allez-y sans moi si vous voulez.
C   Non, non . . . on va rester ensemble. Alors, allons prendre un
    pot au Café de le Place. Qu'est-ce que tu en penses Pascal?
A   Si vous voulez . . . mais je vais au Café de la Place tous les
    jours, moi . . .
B   Tous les jours? Pourquoi?
A   Je travaille là!

2   *Françoise* Moi? Je ne fumais jamais, mais . . .
    malheureusement je fume beaucoup maintenant.
    Michel Quand j'avais . . . er, huit ou neuf ans, j'habitais en
    Suisse mais maintenant je travaille en Belgique.
    Paul Avant mon mariage je sortais souvent le soir.
    Charlotte J'allais tous les dimanches à l'église il y a trois ans,
    mais depuis . . .
    Isabelle Les vacances de Pâques? On allait faire du ski ou on
    faisait des promenades à la montagne . . . quand on avait les
    enfants.
    Jean Oui. Ils aimaient faire ça mais ils sont grands
    maintenant et ma femme et moi, on ne voyage pas tellement.
    On visite des châteaux et on va souvent voir ma mère en
    Allemagne . . .

UNIT 11

1   A   Bonjour. Je voudrais changer soixante-douze livres s'il vous
        plaît.
2   B   Vous voulez l'argent en billets de combien?
    C   Quatre billets de cent francs et le reste en billets de cinquante
        s'il vous plaît.
3   D   Votre pièce d'identité?
    E   Je n'ai pas mon passeport mais j'ai mon permis de conduire.
        Ça vous va?
4   F   Er . . . je voudrais louer une voiture pour quatre jours.
        Quelque chose d'assez petit parce que c'est seulement pour
        moi. Et je voudrais la rendre à Bordeaux. Vous avez une
        agence à Bordeaux?

5 G Je suis désolée de vous déranger mais j'ai besoin d'un coup de main. Je suis en panne d'essence. Vous pouvez me conduire à une station-service?

6 H J'ai un pneu crevé. Vous pouvez me le changer?

7 J Er . . . 200 francs de super s'il vous plaît. Et vous pouvez voir si j'ai besoin d'huile?

UNIT 12

1 A Je peux vous aider Madame?
   B Oui Monsieur, merci. C'est à propos de ma fille. Elle n'est pas bien du tout.
   A Qu'est-ce qu'elle a?
   B Elle a mal au coeur depuis deux jours et elle vomit. Elle n'a pas faim du tout.
   A Il y d'autres symptômes?
   B Elle a mal à la tête et à la gorge . . . et elle tousse un peu. Vous pouvez me donner quelque chose pour elle?

2 1 Oh, j'ai mal . . . J'ai horriblement mal au dos.
   2 J'ai mal ici . . . à la gorge. Surtout quand j'avale.
   3 Elle s'est cassée la jambe.
   4 Vous avez 40 de fièvre et un peu de tension. C'est un virus - une grippe peut-être.
   5 Il faut vous coucher et il ne faut pas manger pendant 24 heures.
   6 Il faut boire beaucoup d'eau.
   7 Je vous conseille d'aller au lit et de prendre deux comprimés toutes les quatre heures pendant trois jours.

UNIT 13

1 *Michèle:* Mon mari et moi sommes divorcés. Nous avons trois enfants, deux filles et un garçon. Christine a quatorze ans, Marie-Claire a dix ans et demi et Alexis vient d'avoir quatre ans.

2   *Béatrice:* Oui, c'est-à-dire qu'on s'est marié il y a . . . er, quatre
      ans.
      Paul: Non chérie, nous nous sommes mariés en février '87,
      alors ça fait presque cinq ans.
      Béatrice: Pardon . . . Et Paul avait déjà un enfant de sa
      première femme, une américaine . . . Et notre bébé est prévu
      pour le mois de juillet.

3   *Thomas:* Tu as envie de quoi, Véronique? Moi je prends un
      demi.
      Véronique: Er . . . un gin tonic.
      Thomas: Bon. Et qu'est-ce qu'on va faire après? Tu connais un
      endroit bien pour dîner?
      Véronique: Chez Michel, ça te dit?
      Thomas: J'y suis déjà allé. Je trouve qu'on mange mal là.
      Véronique: Bon d'accord . . . ça m'est égal. Je te laisse choisir.

UNIT 14

1 A Je voudrais parler à Charles Fenton. Je crois qu'il est
      Directeur du personnel.
   B Un instant s'il vous plaît. Je vous passe son bureau.
   C Allô, oui?
   A C'est bien le bureau de Monsieur Fenton?
   C Oui. C'est sa secrétaire à l'appareil. Est-ce que je peux vous
      aider?
   A Oui, s'il vous plaît. Je voudrais prendre un rendez-vous. Je
      m'appelle Denis Legrand et je suis actuellement représentant
      chez Renault.
   C C'est à quel sujet?
   A C'est au sujet de l'annonce dans *Le Figaro* d'hier.
   C Bon. Est-ce que jeudi prochain vous conviendrait? C'est le . . .
      voyons . . . le 13. Le jeudi 13 mai.
   A Je suis libre le matin seulement.
   C D'accord. A 10h30, ça va?
   A Parfait.
   C Je peux prendre votre numéro de téléphone Monsieur?
   A Oui. C'est le 13 24 27 07.

2 *A* Monsieur Pietro, vous connaissez Madame Beaufort?

  B Non. Vous pouvez me la présenter?

  A Oui bien sûr . . . Madame Beaufort, je vous présente Jean-Luc
      Pietro. Il est notre nouveau représentant à Québec.

  C Bonjour Monsieur.

  B Enchanté.

  A Madame Beaufort est l'assistante de Mademoiselle Vallec, la
      Directrice du service des finances.

  B Ça fait longtemps que vous travaillez ici?

  C Non, ça fait . . . seulement quelques mois . . . depuis l'été
      dernier. Et qu'est-ce que vous allez faire exactement à
      Québec?

  B Je vais m'occuper des ventes surtout. Mais je suis aussi
      chargé de l'administration de la succursale et de la
      distribution en Amérique du Nord.

  C Ça vous plaît le Canada?

  B Oui, assez. Je suis Canadien.

UNIT 15

1 *A* S'il vous plaît Madame, pour aller au château?

  B Ah oui! . . . er . . . attendez voir . . . c'est en face de l'église.

  C Pardon Madame, c'est la bonne direction pour Brieux?

  D Non. Vous vous êtes trompé. Il faut faire demi-tour, vous
      continuez tout droit dans la rue Charles-Dumont et puis vous
      tournez à droite . . . c'est la deuxième à droite au feu.

  E Pour aller au café Etoile s'il vous plaît?

  F Il faut traverser le pont et quand vous arrivez au carrefour
      vous continuez tout droit et vous verrez la plage en face. Le
      café Etoile se trouve sur votre gauche. C'est le premier à
      gauche.

  G Je me suis trompée. Je suis complètement perdue. Vous
      pouvez me dire où est le cinéma?

  H Oui Madame. Vous allez tout droit jusqu'à la place St Michel,
      vous tournez à droite . . . c'est la rue Charles-Dumont – et
      vous continuez jusqu'à la poste qui est sur votre droite. Et là
      vous tournez à gauche. Vous verrez le cinéma à côté du grand
      magasin.

J Est-ce qu'il y a une banque près d'ici?

K Une banque? Er . . . oui. Il faut prendre l'avenue Carnot
jusqu'à la rivière et vous trouverez la banque derrière l'hôtel
Alexandre.

L Où est-ce qu'il y a une station-service par ici?

M Il y en a une dans la rue du Musée. Vous tournez à droite
après le pont, vous verrez le musée sur votre droite et la
station-service est devant l'agence de voyage.

2 *A* Pardon Monsieur, je crois que je me suis trompée. Je cherche
la route de Vitry.

B Vitry? Ce n'est pas par là.

A C'est par où alors?

B Vous connaissez le grand carrefour où il y a le garage
Peugeot?

A Er . . . oui.

B Vous avez dû tourner à droite là, au lieu d'aller tout droit.

A Je retourne au carrefour alors?

B Oui. Vous faites demi-tour, vous sortez de la ville et au
carrefour vous tournez à droite.

A C'est loin?

B Oh, er . . . vingt minutes. Pas plus.

UNIT 16

1   *Michel* Moi? Je viens de dîner au Coq d'Or. C'était très bon.
Pierre On a passé une très belle après-midi. On est allé visiter
le vieux quartier de la ville. C'est très beau. Il y a un manoir
du quinzième siècle.
Brigitte Nous, on n'aime pas conduire. Il y a tellement de
voitures . . . C'est épouvantable. On préfère prendre le train.
Françoise On vient de voir le film au Gaumont. C'est pas
formidable.
Martin Je parle le français depuis – er – cinq ans. Je trouve
que c'est plus facile que l'espagnol.
Paul On va prendre la route . . . attendez la Nationale 27. La
Nationale 15 est beaucoup plus loin.

2 *A*   Bon. Allez . . . Marthe? Tu viens? Il faut partir . . . Ecoute
       Marie-Anne, merci beaucoup pour cette semaine. On a passé
       un séjour splendide. C'était vraiment agréable.

   B   J'arrive ! . . Oh, je suis désolé Jean, je cherchais mes
       chaussures.

   A   Je viens de dire à Marie-Anne qu'on a passé une semaine
       formidable.

   B   Oui. Merci pour tout . . .

   C   Vous devez vraiment partir? J'étais si heureuse de vous avoir
       ici.

   B   Oui, malheureusement on doit s'en aller. Mais si jamais tu
       peux venir chez nous, tu nous dis, hein? Tu es toujours la
       bienvenue.

   C   Merci. mais je ne crois pas. Je n'aime pas tellement conduire.

   B   Moi non plus . . .

   A   Bon. A l'année prochaine alors?

   C   Oui, bien sûr. Au revoir.

Index

The numbers refer to the unit in which the word or
expression is listed.

A

à deux heures 1
à dix minutes 15
à pied 5
à quelle heure? 1
absent 7
acheter 13
addition *(f)* 8
adorer 10
voyage d'affaires 3
affreux 15
âge *(m)* 13
agréable 16
je n'ai pas de 6
aider 11
aimer 6
je n'aime pas 6
je n'aime pas tellement 16
s'en aller 16
y aller 14
aller au lit 12
allez 16
allez-y 7
alors 2
ami *(m)* 3
amie *(f)* 3
an *(m)* 10
ananas *(m)* 6
angine 12
anglais 3

année *(f)* 5
à l'année prochaine! 16
annonce *(f)* 7
annuaire *(m)* 7
ans 10
antibiotique *(m)* 12
août 5
appel *(m)* 7
appeler 7
s'appeller 14
appétit 12
après 11
après-midi *(m or f)* 14
arbre *(m)* 15
architecture *(f)* 16
argent *(m)* 11
arriver 5
ascenseur *(m)* 2
assiette de crudités *(f)* 8
assistant *(m)* 7
assistante *(f)* 7
attendez 4
attribué 7
au premier étage 2
aujourd'hui 4
automne *(m)* 5
autre 9
autre chose 6
autre(s) 12
avais (avoir) 10
avec 2

avez (avoir) 2
avion *(m)* 1
avoir soif 15
avons (avoir) 2
avril 5

B

bagages *(mpl)* 11
banane *(f)* 6
banque *(f)* 1
bar-tabac *(m)* 9
bateau *(m)* 4
batterie *(f)* 11
beau 6
beaucoup 10
bébé *(m)* 13
belle 6
besoin *(m)* 11
bibliothèque *(f)* 9
faire de la bicyclette 10
bien 12
bien cuit 8
bien sûr 4 & 11
bière *(f)* 6
billet *(m)* 11
blanc 9
blanquette *(f)* **de veau** 8
bleu 9
boîte *(f)* 6
boîte de nuit *(f)* 13
boîte de vitesses 11
bois *(m)* 15
boisson *(f)* 8
bon voyage 14
bon 16
bonjour 2
bonne 16
bonne chance 14

bonne nuit 5
bonsoir 5
au bord de la mer 5
bouche *(f)* 12
boucherie *(f)* 9
boulangerie *(f)* 9
bouteille *(f)* 6
boutique *(f)* 4
bras *(m)* 12
se brûler 12
bureau *(m)* 5
bureau de change *(m)* 1
bus *(m)* 1

C

ça 6
ça m'est égal 13
ça va (très) bien 3
ça va? 3
ça vous dit? 13
ça vous fait mal? 12
ça vous plaît? 14
ça vous va? 8
café *(m)* 9
caler 11
campagne *(f)* 5
canard 8
car *(m)* 5
carafe *(f)* **d'eau** 8
carotte *(f)* 8
carrefour *(m)* 15
carte *(f)* 15
carte *(f)* **de crédit** 11
carte postale *(f)* 5
se casser 12
cathédrale *(f)* 16
ce 13
c'est-à-dire 15

c'est ça 1 13
c'est combien? 2
c'est là-bas 1
c'est quoi? 8
cet 13
cette 13
ceinture (f) 9
celle-ci 6
celle-là 6
celui-ci 6
celui-là 6
cent 2
centre-ville (m) 15
cerise (f) 6
ces 13
chambre (f) 2
champignon (m) 6
est-ce que je change à . . ? 1
changer 11
vous changez 1
chaque 11
charcuterie (f) 9
chargé de 14
château (m) 4
chaud 5
chauffer 11
chaussure (f) 9
chemin (m) 15
chemise (f) 9
chemisier (m) 9
chèque (m) 11
cher 6
chercher 2
chez 7
choisir 8
chorizo (m) 8
cinéma (m) 4
cinq 1
cinquante 2
cocktail (m) de crevettes 8

coeur (m) 12
au coin 15
collègue (m / f) 14
combien (de)? 2
ça fait combien? 9
combien de 6
commande (f) 8
commander 8
comme 9
qu'est-ce que vous avez
    comme . . ? 6
comme toujours 13
commencer 4
comment allez-vous? 3
comment vas-tu? 3
comment vous vous
    appelez? 14
composé 7
composer 7
comprendre 15
je vous comprends mal 7
comprimé (m) 12
concert (m) de jazz 10
conduire 11
conduis (conduire) 11
connaître 14
connaissez 14
conseiller 8
consulter 7
continuer 15
convenir 14
coq au vin (m) 8
correspondant (m) 7
à côté de 4
coton (m) 9
cou (m) 12
se coucher 12
coup (m) de main 11
se couper 12
cours (m) (de change) 11

court 9
cravate (f) 9
crevette (f) 8
cuir (m) 9

D

d'abord 4
d'accord 7
dans 4
danser 10
de (Londres) 3
décembre 5
déjà 13
déjeuner 16
délicieux 16
à demain! 5
démarrer 11
démarreur (m) 11
demi (m) 13
demi-bouteille (f) 8
demi-kilo (m) 6
demi-tour (m) 15
demie 4
dent (f) 12
dentiste (m / f) 12
depuis 3
depuis quand? 12
déranger 7
dernier (m) 16
dernier -ière 5
dernière (f) 16
derrière 4
descendre 1
est-ce que je descends
    à . . ? 1
vous descendez à . . . 1
désirer 6
je suis désolé 6

désolé d'être en retard 14
deux 1
deux cents grammes 6
deuxième 2
devant 4
devoir 15
diarrhée (f) 12
difficile 9 16
dimanche 3
dire 4 11
directement 15
directeur (m) 14
directeur adjoint (m) 14
directeur du personnel 14
directeur des ventes 14
direction (f) 11
directrice (f) 14
disons 14
disponible 7
dites au revoir 16
divorcé 13
dix 1
dix-huit 4
dix-neuf 4
dix-sept 4
docteur (m) 12
doigt (m) 12
dois (devoir) 15
je dois y aller 14
donner 4
dos (m) 12
douzaine 6
douze 1
tout droit 1
à droite 1
dû (devoir) 15

E

eau minérale *(f)* 6
échanger 9
échecs *(mpl)* 10
école *(f)* 10
écossais 3
écouter 7
écoutez 4
écrire 5
ça m'est égal 13
église *(f)* 4
embrayage *(m)* 11
en 13
en face (de) 1
en bateau *(m)* 5
enchanté 14
pas encore 9
endroit *(m)* 13
enfant *(m/f)* 3
enfants 2
énormément 14
entendre 7
entrecôte *(f)* 8
entrée *(f)* 8
envie de 13
faire de l'équitation 10
épicerie *(f)* 6
époque *(f)* 16
épouvantable 15
espagnol *(m)* 16
espèces *(fpl)* 11
essayer 9
essence *(f)* 11
est (être) 1
est-ce qu'il y a .. ? 2
est-ce que? 1
estomac *(m)* 12
étage *(m)* 2
Etats-Unis *(mpl)* 5

été *(m)* 5
être 2
étudiant(e) 3
excusez-moi de vous
    déranger 7
par exemple 12
expliquer 4

F

en face (de) 1
facile 16
faire 5
fait (faire) 5
ça vous fait mal? 12
il fait beau 15
il fait mauvais 15
faites (faire) 3
fatigué 12
il faut 12
il vous faut 9
fax *(m)* 2
félicitations 13
femme *(f)* 3
fenêtre *(f)* 13
feu (rouge) *(m)* 15
février 5
fièvre *(f)* 12
filet *(m)* 8
fille *(f)* 13
film policier *(m)* 4
foie de veau *(m)* 8
forêt *(f)* 15
formidable 13
fort 4
fraise *(f)* 6
français 5
frein *(m)* 11
froid 5

fromage *(m)* 6
fumer 10

G

garage 4
garçon *(m)* 13
gare routière *(f)* 1
garni de 8
gasoil *(m)* 11
gâteau *(m)* 13
à gauche 1
gazeux -euse 8
genre *(m)* 16
gentil -ille 10
gigot d'agneau *(m)* 8
glace *(m)* 13
glace à la fraise 13
gorge *(f)* 12
grand 6
grand magasin *(m)* 15
grave 14
grippe 12

H

habiter à 10
haricot vert *(m)* 8
à quelle heure? 1
hier matin *(m)* 5
hiver *(m)* 5
hôtel *(m)* 2
huile *(f)* 11
huit 1
huître *(f)* 8

I

ici 3
il y a 2 & 5
il n'y a pas 2
il n'y a plus de 8
qu'est-ce qu'il y a 4
indicatif *(m)* 7

J

jamais 10
jambe *(f)* 12
jambon *(m)* **de Paris** 6
janvier 5
jardin *(m)* 16
jaune 9
je 1
je vous en prie 14
jeudi 3
jeune 10
joli 9
jouer 5
jouer au tennis 5
jour *(m)* 3
journal *(m)* 13
journée *(f)* 11
juillet 5
juin 5
jupe *(f)* 9
jus *(m)* **de fruit** 6
jus *(m)* **d'orange** 6
jus *(m)* **de pomme** 6
jusqu'à 15

K

kilo *(m)* 6
kilomètre *(m)* 15

L

la 1
là-bas 1
laine *(f)* 9
laisser 7
vous voulez laisser un
   message? 7
lait *(m)* 6
le 1
légume *(m)* 8
lentement 4
les 1
librairie *(f)* 9
en ligne 7
lire 10
lit *(m)* 2
livre *(f)* 11
loin 11
long 9
longtemps 3
louer 11
lundi 3
lycée *(m)* 13

M

ma 3
Madame 1
magnifique 16
mai 5
main *(f)* 12
maison *(f)* 15

mal 13
mal à la tête 12
ça vous fait mal? 12
mal au coeur 12
mal comprendre 15
malheureusement 7
manger 10
manoir *(m)* 16
marcher 4 & 10
mardi 3
mari *(m)* 3
marié 13
se marier 13
marketing *(m)* 14
marron 9
mars 5
match *(m)* de football 10
mauvais 13
mauvais numéro 7
médecin 3
meilleur -eure 16
melon *(m)* 6
même *(m/f)* 16
menu *(m)* 8
mer *(f)* 15
merci 1
merci beaucoup 1
merci bien 1
merci de m'avoir invité 14
mercredi 3
mes 3
message *(m)* 7
métro *(m)* 1
midi 4
minuit 4
modèle *(m)* 11
moderne 16
moi 4
moi aussi 16
moi non plus 16

moins 4 & 6
mois *(m)* 13
en ce moment 7
pour le moment 7
mon 3
monnaie *(f)* 11
Monsieur 1
montagne *(f)* 5
monter 11
montrer 4
moteur *(m)* 11
moule *(f)* 8
musée *(m)* 4
musique *(f)* 10

N

nager 10
navarin d'agneau *(m)* 8
navet *(m)* 8
n'est-ce pas? 13
ne vous en faites pas 14
neigé 5
neuf 1
noir 9
nom 7
c'est à quel nom? 8
non 1
de notre part 16
nous 2
novembre 5
nuit *(f)* 2
numéro *(m)* 1
numéro de téléphone *(m)* 7

O

occupé 7

s'occuper de 14
octobre 5
oeuf *(m)* 6
office de tourisme *(m)* 2
offrir 9
oignon *(m)* 8
on s'en va 16
on y va? 16
onze 1
orange pressée *(f)* 13
ordonnance *(f)* 12
où est? 1
où sont? 1
n'oubliez pas 16
oui 1
ouvrir 12

P

pain *(m)* 8
en panne 11
panneau *(m)* 15
pantalon *(m)* 9
papeterie *(f)* 9
pâques *(m & fpl)* 10
par chèque 11
par exemple 12
par ici 13
par là 15
parc *(m)* 15
pardon 1
parfait 14
parking *(m)* 2
parler 5
parler à 7
c'est de la part de qui? 7
partir 1
partout 12
je vous le/la passe 7

on passe un bon film? 13
passer 5 & 7
passez une bonne journée/
    soirée 14
pastèque (f) 6
pâté (m) 6
pâté (m) maison 8
vous voulez patienter? 7
pâtisserie (f) 9
payer 11
PDG (m) 14
pêche (f) 6
peine (f) 11
pendant 12
permis (m) de conduire 11
personne (f) 2
petit déjeuner (m) 2
petit(e) 6
un peu de 6
peut-être 4
phare (m) 11
pharmacie (m) 4
pichet (m) 8
combien la pièce? 6
pièce (f) d'identité 11
pied (m) 5
piscine (f) 10
place (f) 15
plage (f) 13
ça nous a fait plaisir de 16
s'il vous plaît 1
plan (m) de la ville 4
à plat 11
plat du jour (m) 8
plat principal (m) 8
plein (m) 11
plomb (m) 11
plu (pleuvoir) 5
plus 4
plus . . . que 16

pneu crevé (m) 11
à point 8
poireau (m) 8
poitrine (f) 12
pomme (f) 6
pommes allumettes 8
pommes vapeur (fpl) 8
pont (m) 15
Portugal (m) 5
poste (f) 4
poste (m) 7
pot-au-feu (m) 8
poulet rôti (m) 8
pour 1
pour aller à . . ? 15
pour quand? 8
pour trois personnes 8
pousser 11
pouvez (pouvoir) 4
pouvoir 7
premier -ière 2
ça (vous) prendra 15
prendrai (prendre) 8
prendre 4 & 8
prendre un pot 13
prendre un rendez-vous 14
près de 4
je vous présente 3
présenter 14
presque 13
pression (f) 13
prévu 13
prévu pour 13
je vous en prie 14
printemps (m) 5
prix (f) 16
professeur (m) 13
faire une promenade 10
publicité (f) 14
puis 4

pull *(m)* 9

Q

quai *(m)* 1
quand 5
quarante 2
quart 4
quartier *(m)* 15
quatorze 4
quatre 1
quatrième 2
que 15
qu'est-ce que vous allez faire? 4
qu'est-ce que vous faites? 3
quel 8
quelle 8
quelque(s) 12
quelque chose 12
quelquefois 10
qui 15
quinze 4
 ne quittez pas 7

R

raccrocher 7
rappeler 7
vous voulez rappeler? 7
recommander 8
réfléchir 9
regarder 5
regardez 4
règles *(fpl)* 12
je regrette 7
remorquer 11
rencontrer 14

rendez-vous *(m)* 7
renouveler 7
Renseignements *(mpl)* 7
répondre 7
représentant 3
réserver 8
en retard 14
au revoir 5
rond-point *(m)* 15
rose 9
roue *(f)* 11
rouge 9
rouget *(m)* 8
route *(f)* 15

S

saignant 8
je ne sais pas 4
salade *(f)* **de tomates** 8
salle *(f)* **de bains** 2
salle de conférence *(m)* 2
samedi 3
sans plomb 11
sauce *(f)* 8
saucisson *(m)* 13
saumon grillé *(m)* 8
sauna *(m)* 2
se 15
secrétaire *(m / f)* 7
seize 4
séjour *(m)* 16
semaine 3
semaine *(f)* 11
séparé 13
sept 1
septembre 5
service comptable *(m)* 14
service *(m)* **de dépanage** 11

service *(m)* de la
  production 14
service *(m)* des ventes 14
service et taxes compris 2
seulement 2
si 10
si possible 14
siècle *(m)* 16
signal sonore *(m)* 7
s'il vous plaît 1
six 1
faire du ski 10
avoir soif 15
soir *(m)* 2
soixante 2
sole *(f)* 8
sommes (être) 2
sont (être) 1
sortie *(f)* 1
sortir 10
souvent 10
splendide 16
starter *(m)* 11
station-service *(f)* 11
steak frites *(m)* 8
style *(m)* 16
succursale 14
Suisse *(f)* 5
tout de suite 4
suivez les panneaux 15
suivi de 8
au sujet de 7
super *(m)* 11
superbe 15
supermarché *(m)* 9
sur votre droite 15
symptôme *(m)* 12
syndicat *(m)* d'initiative 2

T

tabac *(m)* 9
taille *(f)* 9
taxi *(m)* 1
tee-shirt *(m)* 9
téléphone *(m)* 1
téléphoner 7
télévision *(f)* 5
tellement 10
temps *(m)* 15
terrine *(f)* 8
tête *(f)* 12
théâtre *(m)* 4
timbre *(m)* 9
toilettes *(fpl)* 4
tonalité *(f)* 7
toujours 13
tour *(m)* de cou 9
tour *(m)* de poitrine 9
tour *(m)* de taille 9
tourner 15
tous les jours 10
tous les (vendredis) 10
tousser 12
tout 16
à tout à l'heure! 5
c'est tout? 6
tout de suite 4
tout droit 1
tout le monde 16
toux 12
train *(m)* 1
tranches *(f)* 6
travailler 5 14
traveller *(m)* 11
traverser 15
treize 4
trente 2
trois 1

troisième 2
trompé (se tromper) 15
tromper 15
trop 6 & 9

U

un(e) 1
un de ces jours 16

V

on s'en va 16
en vacances 3
vélo *(m)* 5
vendredi 3
venez par ici 8
venu 5
vérifier 11
vers 14
vert 9
veste *(f)* 9
veuillez (vouloir) 7
je ne veux pas 6
viande *(f)* 10
vieille 16
je viens de 16
vieux 16

en ville 16
vingt 2
visiter 4
faire de la voile 10
voir 4
voiture *(f)* 5
volontiers 14
vomir 12
voudrais (vouloir) 6
vouloir 6
vous 1
vous de même 14
vous serez le bienvenu 16
vous voulez . . ? 10
en voyage d'affaires 3
voyager 5
voyons 15
vraiment 13

W

WC *(mpl)* 2
week-end *(m)* 10

Z

zéro *(m)* 7
zut alors! 15

Numbers

1	un	71	soixante et onze
2	deux	72	soixante-douze
3	trois	73	soixante-treize
4	quatre	74	soixante-quatorze
5	cinq	75	soixante-quinze
6	six	76	soixante-seize
7	sept	77	soixante-dix-sept
8	huit	78	soixante-dix-huit
9	neuf	79	soixante-dix-neuf
10	dix	80	quatre-vingts
11	onze		
12	douze	81	quatre-vingt-un
13	treize	82	quatre-vingt-deux, *etc*
14	quatorze	90	quatre-vingt-dix
15	quinze		
16	seize	91	quatre-vingt-onze
17	dix-sept	92	quatre-vingt-douze
18	dix-huit	93	quatre-vingt-treize
19	dix-neuf	94	quatre-vingt-quatorze
20	vingt	95	quatre-vingt-quinze
		96	quatre-vingt-seize
21	vingt et un	97	quatre-vingt-dix-sept
22	vingt-deux	98	quatre-vingt-dix-huit
23	vingt-trois	99	quatre-vingt-dix-neuf
24	vingt-quatre	100	cent
25	vingt-cinq		
26	vingt-six	101	cent un
27	vingt-sept	102	cent deux, *etc.*
28	vingt-huit	200	deux cents
29	vingt-neuf		
30	trente	201	deux cent un
		202	deux cent deux, *etc.*
31	trente et un		
32	trente-deux, *etc.*	1,000	mille
		1,001	mille un
		1,002	mille deux
40	quarante	1,003	mille trois, *etc.*
50	cinquante	2,000	deux mille
60	soixante		
70	soixante-dix	1,000,000	un million